面向计算思维的程序设计系列教材

Visual Basic 项目实验实训

主　编　马丽艳　杨　丽
副主编　宁振刚　杜　巍　薛红梅
　　　　李震平　刘　群　张艳丽

科学出版社
北　京

内容简介

本书是《Visual Basic 项目教程》（薛红梅、张永强主编）的配套实验实训教材。本书突出计算思维的CDIO工程教育模式，集成了基本技能和探究式学习一体化的主动学习方法，内容逐步深化，每节实训基本结构为：“实验实训目标—相关知识点—基本技能实验—实训拓展训练—思考练习”模式，这种实训结构注重学生基本技能和综合知识运用能力的培养，同时附录中用一个完整的项目作为综合项目实训，把整本书的主要知识点串联起来，强调理论与实践相结合，通过项目设计与实践，达到激发学生学习兴趣，培养学生工程能力的目的。

本书共分14个实验实训和附录综合项目实训，内容包括程序与数据、Visual Basic 集成开发环境、Visual Basic 程序设计基础、数据输入和输出、顺序结构、选择结构、循环结构、数组、过程、用户界面设计、文件、图形操作、数据库技术等。

本书适合作为高等院校计算机程序设计课程的实训教材，并可为不同层次的 Visual Basic 程序设计人员提供参考。

图书在版编目（CIP）数据

Visual Basic 项目实验实训 / 马丽艳，杨丽主编.—北京：科学出版社，2015.2

面向计算思维的程序设计系列教材

ISBN 978-7-03-043237-7

Ⅰ. ①V… Ⅱ. ①马… ②杨… Ⅲ. ①BASIC 语言—程序设计—教材改 Ⅳ. ①TP312

中国版本图书馆 CIP 数据核字（2015）022533 号

责任编辑：于海云 / 责任校对：袁省省

责任印制：霍 兵 / 封面设计：迷底书装

科学出版社 出版

北京东黄城根北街16号

邮政编码：100717

http://www.sciencep.com

三河市骏杰印刷有限公司 印制

科学出版社发行 各地新华书店经销

*

2015年2月第 一 版 开本：16开（787×1092）

2015年2月第一次印刷 印张：8

字数：189 000

定价：17.00 元

（如有印装质量问题，我社负责调换）

前　言

本书是《Visual Basic项目教程》（薛红梅、张永强主编）的配套实验实训教材。本书以“着眼应用，立足实用，激发兴趣，突出项目”为原则，突出了计算思维的CDIO工程教育模式，集成了基本技能和探究式学习一体化的主动学习方法，内容逐步深化，注重学生基本技能、综合知识运用能力和社会实践能力的培养。

本书共14个实验实训和附录综合项目实训，内容包括程序与数据、Visual Basic集成开发环境、Visual Basic程序设计基础、数据输入/输出、三大结构、数组、过程、用户界面设计、文件、图形操作、数据库技术等。本书特色如下。

（1）融入具有计算思维的CDIO理念，采用实训教学五部曲，即每节实训基本结构为“实验实训目标—相关知识点—基本技能实验—实训拓展训练—思考练习”模式。这种实训模式使知识内容逐步深化，激发学生的学习兴趣，注重学生基本技能、综合知识运用能力和社会实践能力的培养。

实验实训目标和相关知识点：明确实验的目标及所要掌握知识的重点，并应用计算思维的理念对每节使用的算法加以总结，使学生更加有目标地进行学习。

基本技能实验：分为专项练习和测试练习两项，覆盖基本知识范畴，使学生达到夯实基础的目的。

实训拓展训练：是基本知识的拓展，旨在培养学生的系统思维能力、发散思维能力和创新思维能力。

思考练习：是对本章节知识掌握程度的检验，通过练习进一步巩固所学知识。

（2）以“大工程理念”为基础，用一个完整的项目作为一个附录综合项目实训，把整本书的主要知识点串联起来，强调理论与实践相结合，侧重于对学生基本技能、实际操作能力的培养，使学生能在学习知识点的同时独立完成一个较完善的实际项目。通过项目设计与实践，达到激发学生学习兴趣、培养学生工程能力的目的。

（3）本书中通过“想一想”、“分析”等小贴士进行启发式思维教育，多角度培养学生工程能力，重在激发学生学习兴趣，培养获取知识（自主学习）、共享知识（团队合作）、运用知识（解决问题）、总结知识（技术创新）和传播知识（沟通交流）的能力与素质，训练其职业道德修养和社会责任意识，提高学生的认知能力，从而为学生提供真实世界的学习经验。

本书由马丽艳、杨丽任主编，宁振刚、杜巍、薛红梅、李震平、刘群、张艳丽任副主编，申艳光、刘志敏、王彬丽、韩晓鸿、魏红君、程慧芳、李晓霞、李燕任编委，河北工程大学计算机基础教研室全体教师参加了编写工作。统稿工作由马丽艳、杨丽完成。在编写过程中得到了河北工程大学领导和教师的大力支持，在此表示深深的敬意和感谢。

限于作者的水平及时间仓促，加之对计算思维的CDIO理念的研究尚处于探索阶段，对计算思维的理解不够深刻，书中难免存在不足之处，恳请读者批评和指正，以使其更臻完善。

编　者

2015年1月

目　录

实验实训一　Visual Basic 6.0 集成开发环境

一、实验实训目标

（1）熟悉 Visual Basic 的程序开发环境。

（2）了解计算思维在程序中的运用，以及以程序的方式使用计算机。

（3）掌握设计简单的 VB 应用程序的方法和步骤。

（4）掌握窗体常用的属性、方法、事件。

（5）掌握 Visual Basic 的启动与退出方法。

二、相关知识点

（1）Visual Basic 的启动方法。

方法一：单击“开始”菜单，选择“程序”选项中的 Visual Basic 命令。

方法二：利用快捷方式，如果桌面上有 Visual Basic 图标，双击即可。

方法三：在“资源管理器”或“我的电脑”窗口中双击 Visual Basic 文件，其中包括扩展名为.vbp 或.frm 的 Visual Basic 存档文件。

（2）Visual Basic 集成开发环境：主窗口（标题栏、菜单栏、工具栏）、工具箱、集成环境的窗口（工程资源管理器窗口、属性窗口、窗体布局窗口、立即窗口等）、窗体编辑器窗口、代码编辑器窗口。

（3）窗体常用的属性、方法、事件。

三、基本技能实验

1. 专项练习

【1-1】 阅读程序。创建一个“标准.EXE”类型的应用程序，如图 1-1 所示。

要求如下。

（1）当单击 Form1 窗体时，在窗体上显示“欢迎您使用 Visual Basic 实验实训教程”。

（2）窗体上显示的文本为楷体、三号字。

注意：将程序保存在“实验实训一\专项练习\”文件夹中。窗体文件和工程文件分别以 1-1.frm 和 1-1.vbp 命名。

图 1-1　运行结果

实训分析：本题包括一个最简单的 Visual Basic 应用程序的设计步骤。

实训操作步骤如下。

（1）建立新的工程文件。

（2）创建界面：空窗体。

（3）设置属性，如表 1-1 所示。

表 1-1　对象的属性设置

对象	属性名	设定属性值
Form1	Font	楷体、三号字

（4）编写代码。

```
Private Sub Form_Click()
    Print "欢迎您使用Visual Basic实验实训教程"      '缺省对象名则默认为当前Form1窗体
End Sub
```

（5）保存工程。选择“文件”→“保存工程”命令，在文件另存为对话框中选择“实验实训一\专项练习\”选项，输入文件名 1-1.frm。在工程另存为对话框中选择“实验实训一\专项练习\”选项，输入文件名 1-1.vbp。

（6）调试与运行应用程序。

（7）生成可执行文件。

在“文件”菜单中选择“生成 1-1.exe”命令，显示“生成工程”对话框，输入可执行文件的名称，然后单击“确定”按钮即可。

【1-2】　补全程序。在 Form1 窗体中创建一个命令按钮（名称为 Command1，标题为 Command1），如图 1-2 所示。

要求如下。

（1）单击命令按钮时，显示当前窗体的位置及大小。

（2）界面中显示的文字字体为楷体、三号字。

（3）程序不完整，请把它补充完整，并能正确运行。

注意：将程序保存在“实验实训一\专项练习\”文件夹中。窗体文件和工程文件分别以 1-2.frm 和 1-2.vbp 命名。

图 1-2　运行结果

实训分析：本题是对窗体 Left、Top、Height、Width 四个属性的应用。

实训操作步骤如下。

（1）建立新的工程文件。

（2）创建界面：一个命令按钮。

（3）设置属性，如表 1-2 所示。

表 1-2　对象的属性设置

对象	属性名	设定属性值
Form1	Font	楷体、三号字

（4）补全代码。

```
Private Sub Command1_Click()
    Print "left-"; Form1.Left
    Print "top-"; Form1.Top
    Print "height-";________
```

```
    Print "width-";________
End Sub
```

（5）保存工程。

（6）调试与运行应用程序。

（7）生成可执行文件。

【1-3】 补全程序。在Form1窗体中创建四个命令按钮和一个标签，窗体界面如图1-3所示。要求如下。

（1）当用户单击相应的命令按钮后分别使窗体“最小化”、“最大化”、“正常”、“退出”。

（2）程序不完整，请把它补充完整，并能正确运行。

注意：将程序保存在“实验实训一\专项练习\”文件夹中。窗体文件和工程文件分别以1-3.frm 和1-3.vbp命名。

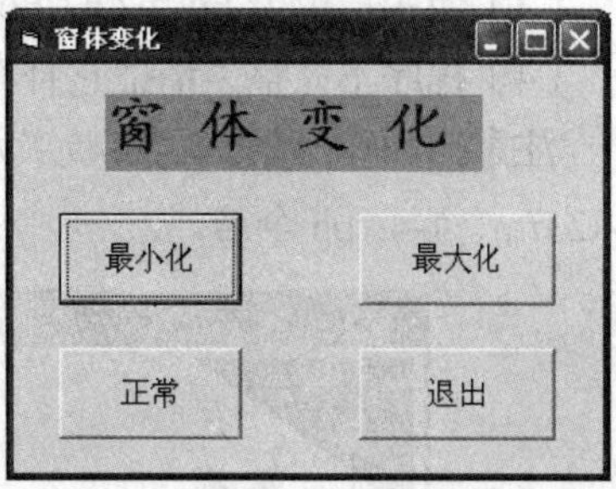

图1-3　窗体界面

实训分析：本题是窗体的WindowState属性应用。

实训操作步骤如下。

（1）建立新的工程文件。

（2）创建界面：四个命令按钮和一个标签。

（3）设置属性，如表1-3所示。

表1-3　对象的属性设置

对象	属性名	设定属性值
Form1	Caption	窗体变化
Label1	Caption	窗体变化
	Alignment	Center
	Font	楷体、一号字、粗体
	ForeColor	红色
	BackColor	浅黄色
Command1	Caption	最小化
Command2	Caption	最大化
Command3	Caption	正常
Command4	Caption	退出

（4）补全代码。

```
Private Sub Command1_Click()
    Form1.WindowState = vbMinimized
End Sub
Private Sub Command2_Click()
    Form1.WindowState =__________
End Sub
Private Sub Command3_Click()
    Form1.WindowState = Normal
End Sub
Private Sub Command4_Click()
    End
End Sub
```

（5）保存工程。

【1-4】 补全程序。在新建的工程文件中创建 Form1、Form2 两个窗体，进行图片加载变换，运行结果如图 1-4 和图 1-5 所示。

要求如下。

（1）程序运行时，Form1 窗体上加载图片（"实验实训一\专项练习\1-41.jpg"），如图 1-4 所示。

（2）当用户单击 Form1 时，Form2 显示并加载图片（"实验实训一\专项练习\1-42.jpg"），且 Form1 窗体隐藏，如图 1-5 所示。

（3）当用户单击 Form2 时 Form1 再次显示，且 Form2 隐藏。

（4）程序不完整，请把它补充完整，并能正确运行。

注意：将程序保存在"实验实训一\专项练习\"文件夹中，窗体文件和工程文件分别以 1-41.frm、1-42.frm、1-4.vbp 命名。

图 1-4　运行结果 1

图 1-5　运行结果 2

实训分析：本题是窗体的 Picture 属性及 Hide 和 Show 方法的应用。

实训操作步骤如下。

（1）建立新的工程文件。在"工程"菜单中选择"添加窗体"命令，建立两个窗体 Form1 和 Form2。

（2）创建界面：空窗体。

（3）设置属性。

（4）编写代码。在窗体 Form1 代码编辑器窗口中输入如下代码。

```
Private Sub Form_Load()
    Form1.Picture = LoadPicture(App.Path & "\1-41.jpg")
End Sub
Private Sub Form_click()
    Form1.Hide
    Form2.Show
End Sub
```

在窗体 Form2 代码编辑器窗口中输入如下代码。

```
Private Sub Form_Load()
    Form2.Picture = LoadPicture(____________)        '图片加载
End Sub
Private Sub Form_click()
    Form2.______
    Form1.______
End Sub
```

（5）保存工程。

想一想：使用 LoadPicture 函数加载窗体图片时，加载图片的路径可以分为相对路径和绝对路径，这两者之间有什么区别？相对路径如 LoadPicture(App.Path&"\1-41.jpg")，绝对路径如 LoadPicture（“某个磁盘驱动器:\实验实训一\专项练习\1-42.jpg”）。

2. 测试练习

【1-5】 在“实验实训一\测试练习\”文件夹下有一个工程文件 1-5.vbp，该工程文件有两个窗体，其中 Form1 窗体上有一个命令按钮（名称为 C1，标题为 Command1），Form2 上有一个命令按钮（名称为 C2，标题为 Command1）。

要求如下。

（1）把 Form2 设为启动窗体；把 Form1 上按钮的标题改为“隐藏”，把 Form2 上按钮的标题改为“显示”。

（2）运行时只显示 Form2 窗体，单击 Form2 上的“显示”命令按钮，则显示 Form1 窗体；单击 Form1 上的“隐藏”命令按钮，则 Form1 窗体隐藏，如图 1-6 和图 1-7 所示。

（3）去掉程序中的注释，把程序中的“?”改为正确的内容，使其实现上述功能，但不能修改程序中的其他部分。

注意：工程文件和窗体文件仍以原来的文件名存盘。

图 1-6 Form2 窗体

图 1-7 Form1 窗体

【1-6】 在“实验实训一\测试练习\”文件夹中有一个工程文件 1-6.vbp，窗体上有三个命令按钮（名称分别为 Command1、Command2、command3，标题分别为“显示文字”、“红色 20 号字”、“蓝色 30 号字”），如图 1-8 所示。当单击命令按钮 Command1 时，窗体上显示“欢迎使用 Visual Basic”；当先单击 Command2 命令按钮时再单击 Command1 命令按钮时窗体上显示红色 20 号字的“欢迎使用 Visual Basic”；当先单击 Command3 命令按钮再单击 Command1 命令按钮时窗体上显示蓝色 30 号字的“欢迎使用 Visual Basic”。这个程序并不完整，请把它补完整，并能正确运行。

要求如下。

去掉程序中的注释，把程序中的“?”改为正确的内容，使其实现上述功能，但不能修改程序中的其他部分。最后把修改后的文件仍以原来的文件名存盘。

图 1-8 运行结果

【1-7】 2010 年 9 月真题一（11）。

在 Visual Basic 集成环境中，要添加一个窗体，可以单击工具栏上的一个按钮，这个按钮是（ ）。

A. 　　B. 　　C. 　　D. 

分析：在 Visual Basic 集成环境中，用于添加一个窗体。用于添加标准工程文件。是菜单编辑器。是属性窗口。答案：A。

【1-8】　2010 年 9 月真题一（12）。

在 Visual Basic 集成环境的设计模式下，双击窗体上的某个控件打开的窗口是（　）。

A. 工程资源管理器窗口　　B. 属性窗口

C. 工具箱窗口　　D. 代码窗口

分析：在 Visual Basic 集成环境的设计模式下，双击窗体上的某个控件打开的窗口是代码窗口，其他窗口可以通过视图菜单等方法打开。答案：D。

【1-9】　2012 年 3 月真题一（24）。

以下关于多窗体的叙述中，正确的是（　）。

A. 任何时刻，只有一个当前窗体

B. 向一个工程添加多个窗体，存盘后生成一个窗体文件

C. 打开一个窗体时，其他窗体自动关闭

D. 只有第一个建立的窗体才是启动窗体

分析：向一个工程添加多个窗体，存盘时每个窗体对应一个窗体文件。打开一个窗体时，其他窗体成为非活动窗体。启动窗体可以通过工程属性对话框重新设置。答案：A。

【1-10】　2011 年 9 月真题一（11）。

以下描述中错误的是（　）。

A. 窗体的标题通过其 Caption 属性设置

B. 窗体的名称（Name 属性）可以在运行期间修改

C. 窗体的背景图形通过其 Picture 属性设置

D. 窗体最小化时的图标通过其 Icon 属性设置

分析：窗体的名称（Name 属性）只有在设计阶段才可以修改。答案：B。

四、实训拓展训练

【1-11】　将以前所使用过的应用程序系统环境和 Visual Basic 的系统环境对比，归纳其异同点，从而帮助更好地熟悉 Visual Basic 系统环境。

五、思考练习

【1-12】　在练习 1-4 中如果打开 1-4.vbp 工程文件，把 1-41.frm 从工程文件中移除后进行保存，并退出工程。再次打开 1-4.vbp 工程文件，会出现什么情况？如何解决？如果从“实验实训一\专项练习\”文件夹中把 1-41.frm 文件删除又会出现什么情况？

【1-13】　打开已保存过的程序，然后对其进行另存操作，会出现什么情况？应如何解决？

实验实训二　常用控件一

一、实验实训目标

（1）掌握控件的使用基础。

（2）掌握命令按钮、文本框、标签的属性、事件和方法。

（3）掌握基本控件的事件过程代码的编写。

（4）了解算法的概念、分类及特征。

二、相关知识点

（1）控件的使用基础：控件分类、焦点。

控件分类：基本控件、ActiveX 控件、可插入控件。

焦点：是接收用户鼠标或键盘输入的能力。GotFocus 用于获得焦点、LostFocus 用于失去焦点。

（2）命令按钮控件、文本框控件、标签控件。

命令按钮控件具有 Caption、Style、Picture、Enabled 等属性，以及 Click 等事件。

文本框控件具有 Text、MultiLine、PasswordChar、MaxLength、SelStart、SelLength、SelText 等属性，Change、Click、LostFocus 等事件，以及 SetFocus 等方法。

标签控件具有 Caption、BorderStyle、Autosize、Alignment 等属性。

（3）按照算法的形式，算法可分为三种：生活算法、数学算法、计算机算法。

（4）算法具有五个特征：确切性、可行性、输入项、输出项、有穷性。

三、基本技能实验

1. 专项练习

【2-1】　补全程序。设计一个两数相加的运算程序，在窗体中分别添加三个命令按钮、三个标签和三个文本框，运行结果如图 2-1 所示。

要求如下。

（1）用户在“被加数”和“加数”文本框中输入数据，单击“计算”命令按钮后在“和”文本框中显示结果。

（2）单击“清除”命令按钮后文本框内容均被清空，且光标定位在“被加数”文本框中。

（3）单击“退出”命令按钮后结束工程。

（4）程序不完整，请把它补充完整，并能正确运行。

实训分析：本题主要考查对命令按钮、文本框和标签的基本属性和方法的应用。

实训操作步骤如下。

（1）建立新的工程文件。

（2）创建界面：三个命令按钮、三个标签、三个文本框。

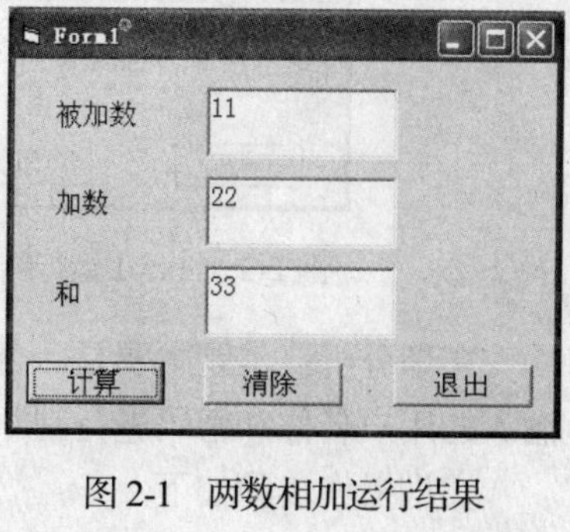

图 2-1　两数相加运行结果

（3）设置属性，如表 2-1 所示。

表 2-1　对象的属性设置

对象	属性名	设定属性值
Label1	Caption	被加数
Label2	Caption	加数
Label3	Caption	和
Text1	Text	（空）
Text2	Text	（空）
Text3	Text	（空）
Command1	Caption	计算
Command2	Caption	清除
Command3	Caption	退出

（4）补全代码。

```
Private Sub Command1_Click()
    Text3.Text=Val(Text1.Text)+Val(Text2.Text)      'Val 函数：字符型到数值型转换函数
End Sub
Private Sub Command2_Click()
    Text1.Text = ""
    Text2.Text = ""
    Text3.Text = ""
    Text1.__________                                'Text1 得到焦点
End Sub
Private Sub Command3_Click()
    End
End Sub
```

【2-2】 补全程序。完成一个简单的密码登录程序，其中包含两个窗体——Form1 和 Form2（图 2-2 和图 2-3），在 Form1 窗体中创建两个命令按钮、两个标签和两个文本框，在 Form2 窗体中创建一个标签。

要求如下。

（1）在 Form1 窗体上，当输入用户名称为 zhangsan 并且密码为 123 后，单击“确定”按钮会出现 Form2 窗体，Form2 窗体上标签显示“程序正常运行”；否则 Form1 窗体中用户名称和密码均被清空，并且光标定位在“用户名称”文本框中。

（2）单击“取消”按钮时结束工程。

（3）程序不完整，请把它补充完整，并能正确运行。

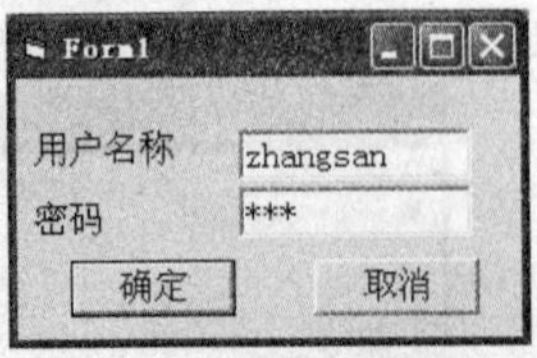

图 2-2　Form1 运行结果

图 2-3　Form2 运行结果

实训分析：本题主要是命令按钮、文本框和标签基本属性的使用。使用条件选择结构对用户输入的用户名称和密码进行判断。

实训操作步骤如下。

（1）建立新的工程文件。

（2）创建界面：创建 Form1 窗体，其中包含两个命令按钮、两个标签、两个文本框。创建 Form2 窗体，其中仅含一个标签。

（3）设置属性，如表 2-2 所示。

表 2-2　对象的属性设置

对象	属性名	设定属性值
Form1 窗体上的对象		
Label1	Caption	用户名称
Label2	Caption	密码
Text1	Text	（空）
Text2	Text	（空）
Text2	PasswordChar	*
Command1	Caption	确定
Command2	Caption	取消
Form2 窗体上的对象		
Label1	Caption	程序正常运行
	ForeColor	红色
	Font	三号字、宋体
	Alignment	Center

（4）补全代码。

```
Private Sub command1_Click()
    If Text1.Text = " zhangsan " And Text2.Text = _________ Then
        Form2._____
        Form1.Hide
    Else
        Text1 = ""
        Text2 = ""
        Text1.SetFocus                          'Text1 得到焦点
    End If
End Sub
Private Sub command2_Click()
    End
End Sub
```

【2-3】　编写程序。创建如图 2-4 所示的窗体，其中包含两个命令按钮。

要求如下。

（1）在命令按钮上分别添加图标（“实验实训二\专项练习\”文件夹下的图标文件 46. gif）和（“实验实训二\专项练习\”文件夹下的图标文件 55. gif）。给命令按钮分别设置快捷访问键 S 和 D，可以用 Alt+字母键来进行访问。

（2）该程序不需要编写事件过程，只需在设计状态完成上述要求。

图 2-4　窗体界面

实训分析：本题主要考查 Command 命令按钮的属性应用。

实训操作步骤如下。

（1）建立新的工程文件。

（2）创建界面：两个命令按钮。

（3）设置属性，如表 2-3 所示。

表 2-3　对象的属性设置

对象	属性名	设定属性值
Form1	Caption	小游戏
Command1	Caption	拱猪（&S）
	Picture	实验实训二\专项练习\46. gif
Command2	Caption	扫雷（&D）
	Picture	实验实训二\专项练习\55. gif

【2-4】　补全程序。在 Form1 窗体中分别创建两个空白的文本框。

要求如下。

（1）用户在第一个文本框中输入字符串时，第二个文本框显示与第一个文本框相同的内容，运行结果如图 2-5 所示。

（2）用户在第一个文本框中输入字符串并单击该文本框后，第二个文本框显示与第一个文本框相同的内容，运行结果如图 2-5 所示。

（3）程序不完整，请把它补充完整，并能正确运行。

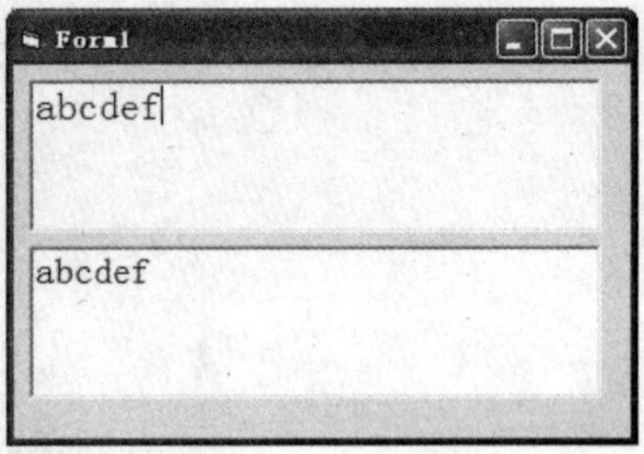

图 2-5　运行结果

实训分析：本题主要考查文本框 Click 事件和 Change 事件的应用。

实训操作步骤如下。

（1）建立新的工程文件。

（2）创建界面：两个文本框。

（3）设置属性，如表 2-4 所示。

表 2-4　对象的属性设置

对象	属性名	设定属性值
Text1	Text	（空）
Text2	Text	（空）

（4）补全代码。

```
Private Sub Text1_Click()
    Text2.Text =_______
End Sub
Private Sub Text1_Change()
     Text2 = Text1
End Sub
```

2. 测试练习

【2-5】 在名称为Form1的窗体中创建一个文本框（名称为Text1，内容为“程序设计”，且显示为三号字、居中）、两个命令按钮（名称分别为Command1、Command2，标题分别是“粗体”和“斜体”），如图2-6所示。

要求如下。

（1）编写两个命令按钮的Click事件过程，使得单击“粗体”按钮时，文本框的内容显示为粗体格式；单击“斜体”按钮时，文本框的内容显示为斜体格式。

（2）程序中不得使用变量，每个事件过程中只能编写一条语句。

（3）将程序保存在“实验实训二\测试练习\”文件夹下。

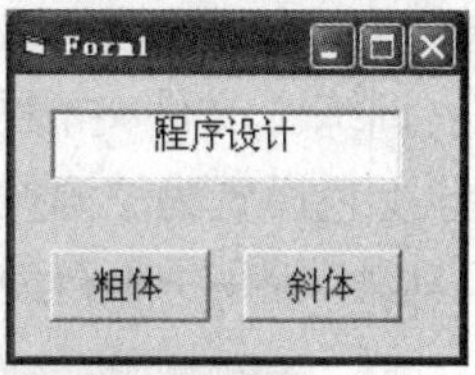

图2-6 窗体界面

【2-6】 在名称为Form1的窗体中创建一个命令按钮（名称为Command1，标题为“移动本按钮”），如图2-7所示。

要求如下。

（1）编写适当的事件过程，使得程序运行时，每单击按钮一次，按钮向左移动100缇。

（2）要求程序中不得使用变量，事件过程中只能写一条语句。

（3）将程序保存在“实验实训二\测试练习\”文件夹下。

图2-7 窗体界面

【2-7】 2010年9月真题一（20）。

在窗体上添加一个文本框（名称为Text1）和一个标签（名称为Label1），程序运行后，如果在文本框中输入文本，则标签中立即显示相同的内容。以下可以实现上述操作的事件过程是（　）。

A.
```
Private Sub Text1_Change( )
    Label1.Caption=Text1.Text
End Sub
```
B.
```
Private Sub Label1_Change( )
    Label1.Caption=Text1.Text
End Sub
```
C.
```
Private Sub Text1_Click( )
    Label1.Caption=Text1.Text
End Sub
```
D.
```
Private Sub Label1_Click( )
    Label1.Caption=Text1.Text
End Sub
```

分析：Change事件和Click事件的区别在于，Change事件在对该对象作任何修改时即刻触发；Click事件只有单击该对象时才触发。答案：A。

【2-8】 2011年3月真题一（12）。

假定编写了如下4个窗体事件的事件过程，则运行应用程序并显示窗体后，已经执行的事件过程是（　）。

A. Load　　B. Click　　C. LostFocus　　D. KeyPress

分析：运行应用程序并显示窗体时就已经执行了窗体的Load事件。答案：A。

【2-9】 2011年3月真题一（13）。

为了使标签具有“透明”的显示效果，需要设置的属性是（　）。

A. Caption　　B. Alignment　　C. BackStyle　　D. AutoSize

分析：Caption属性——对象标题栏中的文本；Alignment属性——对象对齐方式；BackStyle属性——对象背景样式；AutoSize属性——对象是否能自动调整大小。答案：C。

四、实训拓展训练

【2-10】 在名称为 Form1 的窗体上创建两个命令按钮（名称分别为 Command1、Command2，标题分别是“源按钮”和“目标按钮”，背景颜色分别为白色和灰色），如图 2-8 所示。

要求如下。

（1）将“源按钮”设置为可拖动的，当拖动该命令按钮时鼠标形状为（“实验实训二\实训拓展训练\”文件夹下图标文件 MONITR01.ICO），将鼠标拖动至“目标按钮”时，“目标按钮”的背景颜色设置为“源按钮”的背景颜色，结果如图 2-9 所示。

（2）程序中不得使用变量，每个事件过程中只能编写一条语句。

图 2-8　窗体界面

图 2-9　运行结果

分析：

（1）命令按钮的背景颜色是使用属性 BackColor 来设置的，不同的是命令按钮的 BackColor 不能直接修改，必须和 Style 属性配合使用，即先将 Style 属性值设为 1（Graphical），再修改 BackColor 的值就可以改变背景颜色了。

（2）将命令按钮设置为可拖动的，需设置属性 DragMode 的值为 1（Automatic）。

（3）拖动命令按钮时光标具有特殊形状，需设置属性 DragIcon 为所需图形文件。

（4）将光标拖动至“目标按钮”时修改其背景颜色，需编写 Command2_DragDrop 事件过程，代码如下。

```
Private Sub Command2_DragDrop(Source As Control, X As Single, Y As Single)
    Command2.BackColor = Source.BackColor
End Sub
```

五、思考练习

【2-11】 在名称为 Form1 的窗体中创建一个文本框（名称为 Text1，Text 属性为空）和两个命令按钮（名称分别为 Command1、Command2，标题分别为“显示文本”和“修改字体格式”）。

要求如下。

（1）单击“显示文本”命令按钮，在文本框中显示“欢迎学习 VB 程序设计”，如图 2-10 所示。

（2）单击“修改字体格式”命令按钮，文本框中文本的字体格式被重新设置，如图 2-11 所示，文本框中的字形、字体和字号可自定。

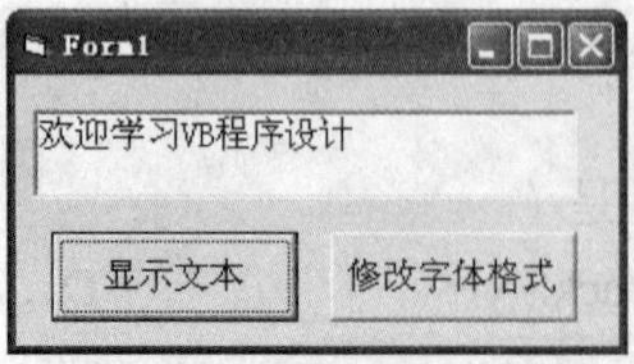

图 2-10　运行结果 1

图 2-11　运行结果 2

【2-12】 创建如图 2-12 所示窗体，包含一个标签（名称为 Label1，标题为“欢迎学习 VB 程序设计”）和四个命令按钮（分别为 Command1、Command2、Command3、Command4，标题

分别是“缩小”、“斜体”、“下划线”、“移动”）。

要求如下。

（1）单击“缩小”按钮，标签显示文字缩小一半（标签大小随文字大小变化而变化），同时使标签在窗体上水平居中。

（2）单击“斜体”按钮，标签显示的文字设置为斜体。

（3）单击“下划线”按钮，标签显示的文字加下划线。

（4）单击“移动”按钮一次，标签向右移动 200 缇。

图 2-12　运行结果

【2-13】　在 Form1 窗体中创建两个文本框（分别为 Text1、Text2，Text 属性均为空）和三个命令按钮（分别为 Command1、Command2、Command3，标题分别为“字符数”、“字符位置”、“字符串”）。用户在第一个文本框输入字符串并选中其中的某些字符，如图 2-13 所示。

要求如下。

（1）当用户单击“字符数”命令按钮后，在 Text2 文本框中显示选中字符串的字符个数，结果如图 2-14 所示。

（2）当用户单击“字符位置”命令按钮后，在 Text2 文本框中显示选中字符串的起始位置。

（3）当用户单击“字符串”命令按钮后，在 Text2 文本框中显示选中字符串。

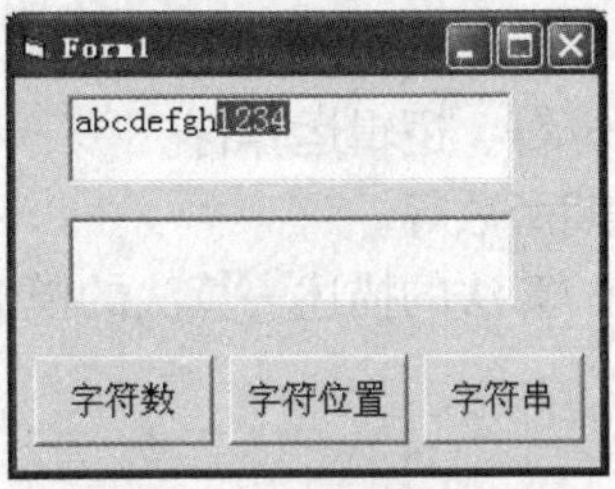

图 2-13　窗体界面

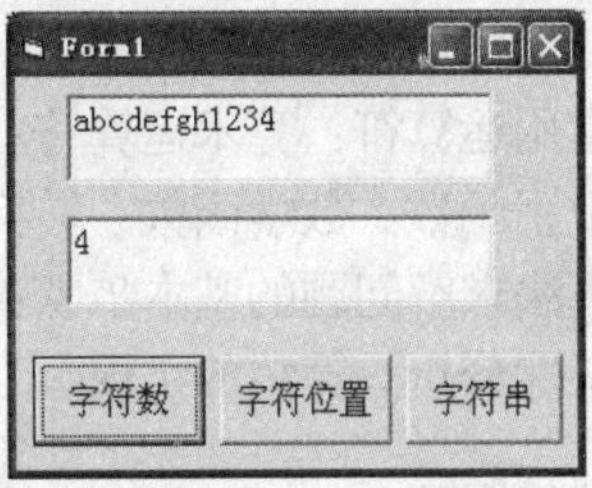

图 2-14　运行结果

实验实训三　数据类型、运算符、表达式、函数

一、实验实训目标

（1）掌握 VB 书写规则和命名规则。

（2）掌握常用数据类型。

（3）掌握变量和常量定义。

（4）理解变量作用域。

（5）掌握常用运算符和表达式。

（6）掌握常用函数。

（7）掌握算法求解问题的基本步骤。

二、相关知识点

（1）VB 书写规则和命名规则。

（2）常用数据类型包括整型、长整型、单精度型、双精度型、货币型、字节型、日期型、逻辑型、字符型、万能型（变体型）、对象型等。

（3）变量和常量定义。

①变量的声明方式：Dim 语句显式声明、隐式声明、强制显式声明。

②常量：用户声明常量、系统提供的常量和直接常量。

（4）变量作用域：过程级变量、模块级变量和公用变量。

（5）常用运算符：算术运算符、字符串运算符、关系运算符、逻辑运算符。

（6）常用函数：数学函数、转换函数、字符串函数、日期函数等。

（7）算法求解问题的基本步骤：数学建模→算法的设计→算法的描述→算法的模拟与分析→算法的复杂性分析→算法的实现。

三、基本技能实验

1. 专项练习

【3-1】　运行程序。

要求如下。

（1）打开“实验实训三\专项练习\”文件夹中的 3-1.vbp 工程文件，运行程序。对 1000/3 在不同数据类型下所得结果进行分析。

（2）用户单击窗体，运行结果如图 3-1 所示。

图 3-1　运行结果

实训分析：本题主要是数据类型的应用，请思考整型、单精度型、双精度型、货币数据类型的有效数位问题。

运行代码如下。

```
Private Sub Form_Click()
    Dim a As Integer
```

```
    Dim b As Long
    Dim c As Single
    Dim d As Double
    Dim e As Currency
    a = 1000 / 3
    c = 1000 / 3
    b = 1000 / 3
    d = 1000 / 3
    e = 1000 / 3
    Print a
    Print b
    Print c
    Print d
    Print e
End Sub
```

【3-2】 运行程序。

要求如下。

（1）打开“实验实训三\专项练习\”文件夹中的3-2.vbp工程文件，运行程序，对日期型、逻辑型、字符型等不同数据类型所得结果进行分析。

（2）用户单击窗体，运行结果如图3-2所示。

实训分析：本题主要是数据类型的应用，请思考日期型、逻辑型、字符型数据的定义。

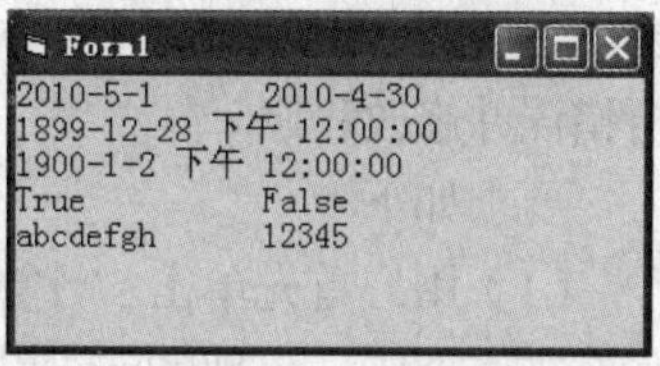

图3-2 运行结果

运行代码如下。

```
Private Sub Form_Click()
    Dim d1 As Date, d2 As Date
    d1 = #5/2/2010#
    d2 = #5/1/2010#
    Print d1 - 1, d2 - 1
    Dim t1 As Date, t2 As Date
    t1 = -2.5
    t2 = 3.5
    Print t1
    Print t2
    Dim a1 As Boolean, a2 As Boolean
    a1 = -1
    a2 = 0
    Print a1, a2
    Dim s1 As String, s2 As String * 5
    s1 = "abcdefgh"
    s2 = "123456789"
    Print s1, s2
End Sub
```

【3-3】 修改程序。打开“实验实训三\专项练习\”文件夹中的3-3.vbp工程文件，运行程序，分析错误并修改程序。

要求如下。

（1）当用户单击Form1窗体时，出现如图3-3所示的错误提示。

（2）找出并修改程序中的错误代码。

实训分析：本题主要是数据类型的应用，请思考整型数据和长整型数据的范围，防止数值溢出。

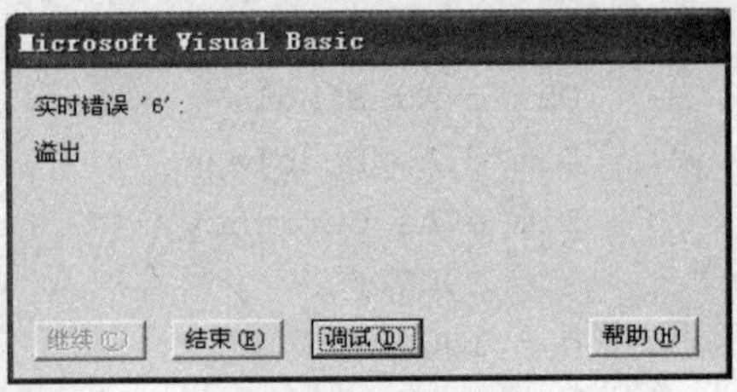

图 3-3　错误提示

实训操作步骤如下。

（1）打开工程文件。

（2）创建界面：空窗体。

（3）设置属性，如表 3-1 所示。

表 3-1　对象的属性设置

对象	属性名	设定属性值
Form1	Caption	（空）

（4）错误代码如下。

```
Private Sub Form_Click()
    Dim a As Integer, b As Long
    a = 327699999
    b = 327699999
    Print a, b
End Sub
```

【3-4】　修改程序。打开“实验实训三\专项练习\”文件夹中的 3-4.vbp 工程文件，在 Form1 窗体中有四个标签、一个文本框、两个命令按钮，功能是完成 20 与 30 的加运算。运行程序，分析错误并修改程序。

要求如下。

（1）用户首先单击“计算前赋值”命令按钮给变量赋值，再单击“计算”命令按钮将结果显示在文本框中。出现的错误结果如图 3-4 所示。

（2）找出并修改程序中的错误代码。

实训分析：本题主要考查变量作用域的应用，请思考过程级变量和模块级变量的区别。

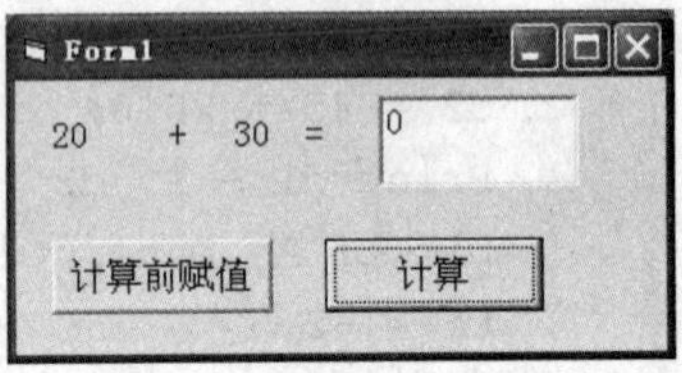

图 3-4　错误运行结果

实训操作步骤如下。

（1）打开工程文件。

（2）创建界面：四个标签、一个文本框、两个命令按钮。

（3）设置属性，如表 3-2 所示。

表 3-2　对象的属性设置

对象	属性名	设定属性值
Label1	Caption	20
Label2	Caption	+
Label3	Caption	30
Label4	Caption	=
Text1	Text	（空）
Command1	Caption	计算前赋值
Command2	Caption	计算

（4）错误代码如下。

```
Private Sub Command1_Click()
Dim a As Integer, b As Integer
    a = Val(Label2.Caption)
    b = Val(Label3.Caption)
End Sub
```

```
Private Sub Command2_Click()
    Text1 = a + b
End Sub
```

【3-5】 修改程序。打开“实验实训三\专项练习\”文件夹中的 3-5.vbp 工程文件，运行程序，分析错误并修改程序。

要求如下。

（1）单击“输入学生身高”命令按钮后，弹出输入对话框，在该对话框中输入学生身高。

（2）当输入学生身高并单击“确定”按钮后，在窗体上输出相关信息。例如，输入三次后的错误运行结果如图 3-5 所示。

（3）找出并修改程序中的错误代码，修改后运行结果如图 3-6 所示。

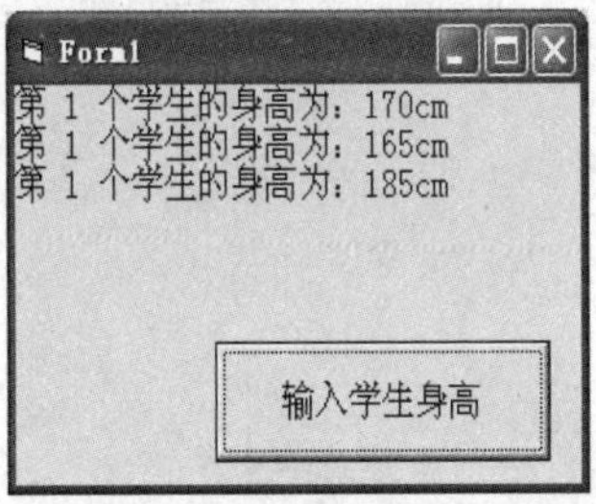

图 3-5　错误运行结果

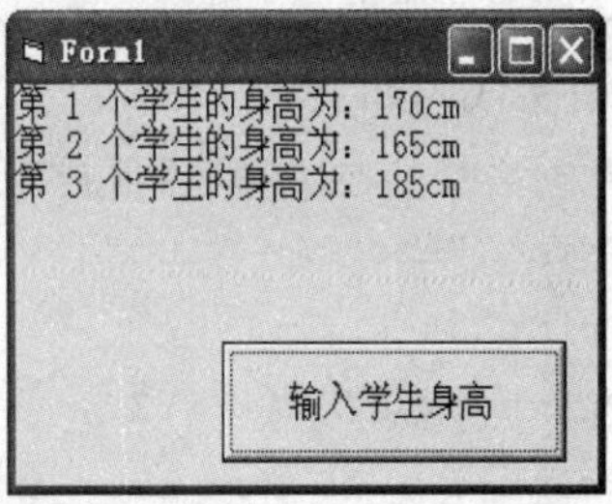

图 3-6　正确运行结果

实训分析：本题主要考查变量的作用域，请思考静态变量和动态变量的区别。

实训操作步骤如下。

（1）打开工程文件。

（2）创建界面：一个命令按钮。

（3）设置属性，如表 3-3 所示。

表 3-3　对象的属性设置

对象	属性名	设定属性值
Command1	Caption	输入学生身高

（4）错误代码如下。

```
Private Sub Command1_Click()
    Dim a As Integer
    a = a + 1
    x = InputBox("请输入学生的身高(cm)")
    Print "第"; a; "个学生的身高为："; x; "cm"
End Sub
```

【3-6】 修改程序。打开“实验实训三\专项练习\”文件夹中的 3-6.vbp 工程文件，Form1 窗体上有一个命令按钮，窗体界面如图 3-7 所示，运行程序，分析错误并修改程序。

要求如下。

（1）当用户单击“运算符”命令按钮时，出现错误提示，如图 3-8 所示。

（2）找出并修改程序中的错误代码。

实训分析：本题主要考查运算符和表达式的应用。

实训操作步骤如下。

（1）打开工程文件。

（2）创建界面：一个命令按钮。

图 3-7　窗体界面

图 3-8　错误提示

（3）设置属性，如表 3-4 所示。

表 3-4　对象的属性设置

对象	属性名	设定属性值
Command1	Caption	运算符

（4）错误代码如下。

```
Private Sub Command1_Click()
    Print "Abc" >= "abc"
    Print 34 < 67
    Print "xyz" <> "XYZ"
    Print 5 + 10 Mod 10 \ 9 / 3 + 2 ^ 2
    Print 3 ^ 2 * 22 / 10
    Print " 123 " + " 456 "
    Print "123" & 456
    Print "123 " + True
    Print "abcdef" & 12345
    Print "abcdef " + 12345
End Sub
```

【3-7】　补全程序。在 Form1 窗体中创建两个标签、两个文本框、三个命令按钮，编程实现从身份证号中提取出生日期，并改变窗体背景颜色。运行结果如图 3-9 所示。

要求如下。

（1）当用户在“身份证号”文本框中输入身份证号时，如果身份证号位数不对（不是 18 位），则程序不运行。

（2）当用户单击“提取生日”命令按钮时，从“身份证号”文本框中提取出生日期，并显示在“出生日期”文本框中。

（3）当用户单击“黑背景”命令按钮时，窗体背景颜色变为黑色。

（4）当用户单击“彩色背景”命令按钮时，窗体背景随机改变颜色。

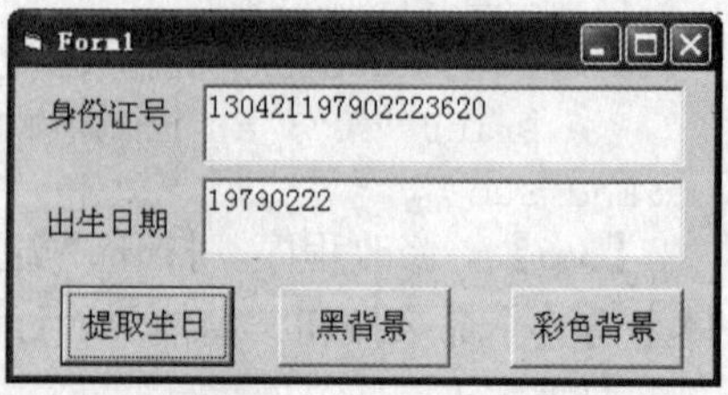

图 3-9　运行结果

（5）程序不完整，请把它补充完整，并能正确运行。

实训分析：本题主要考查字符串函数、颜色函数和随机函数的应用。

实训操作步骤如下。

（1）建立新的工程文件。

（2）创建界面：两个标签、两个文本框、三个命令按钮。

（3）设置属性，如表 3-5 所示。

表 3-5　对象的属性设置

对象	属性名	设定属性值
Label1	Caption	身份证号
Label2	Caption	出生日期
Text1	Text	（空）
Text2	Text	（空）
Command1	Caption	提取生日
Command2	Caption	黑背景
Command3	Caption	彩色背景

（4）补全代码。

```
Private Sub Command1_Click()        '从身份证号中提取出生日期
    Dim a$
    a = Text1.Text
    If Len(a) = 18 Then
        Text2.Text = Mid(__________)
    End If
End Sub
Private Sub Command2_Click()
    Form1.BackColor = RGB(0, 0, 0)
End Sub
Private Sub Command3_Click()
    Form1.BackColor = RGB(__________)
End Sub
```

【3-8】　补全程序。在 Form1 窗体中创建两个标签、两个文本框、一个命令按钮，编写程序计算下面的分段函数的值。窗体界面如图 3-10 所示。

$$y=\begin{cases}|x|+x^2, & x<0\\ e^x+\sqrt{x}, & x>0\\ x, & x=0\end{cases}$$

要求如下。

（1）用户在“x”文本框中输入 x 的值，单击“计算”命令按钮后，结果显示在“y”文本框中。

（2）程序不完整，请把它补充完整，并能正确运行。

实训分析：本题主要考查常用数学函数和表达式的应用。

实训操作步骤如下。

（1）建立新的工程文件。

（2）创建界面：两个标签、两个文本框、一个命令按钮。

（3）设置属性，如表 3-6 所示。

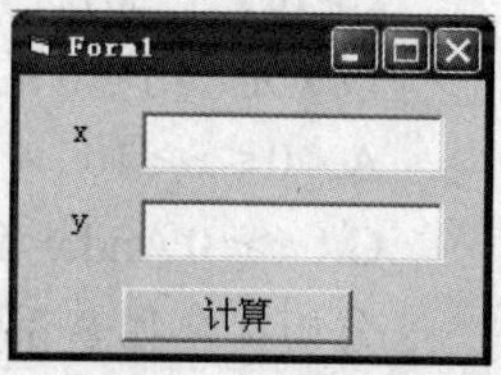

图 3-10　窗体界面

表 3-6　对象的属性设置

对象	属性名	设定属性值
Label1	Caption	x
Label2	Caption	y
Text1	Text	（空）
Text2	Text	（空）
Command1	Caption	计算

（4）补全代码。

```
Private Sub Command1_Click()
    Dim x As Single, y As Single
    x = Val(Text1.Text)
    If x < 0 Then
        y =____________
    End If
    If x > 0 Then
        y = ____________
    End If
    If x = 0 Then
        y = x
    End If
    Text2.Text = y
End Sub
```

2. 测试练习

【3-9】 打开"实验实训三\测试练习\"文件夹中的3-9.vbp工程文件，在Form1窗体中创建五个标签（标题分别为"工资计算"、"起始日期"、"结束日期"、"每日工资"、空）、三个文本框（分别为Text1、Text2、Text3，Text属性均为空）、一个命令按钮（Command1，标题为"计算"），编程实现从起始日期到结束日期的工资计算。运行结果如图3-11所示。

要求如下。

（1）用户首先在"起始日期"文本框和"结束日期"文本框中输入日期（日期格式为"年-月-日"），在"每日工资"文本框中输入工资。

（2）当用户单击"计算"命令按钮时，在Label5（具有边框的标签）中显示运行结果（工资结果）。

（3）去掉程序中的注释符，把程序中的"？"改为正确的内容。

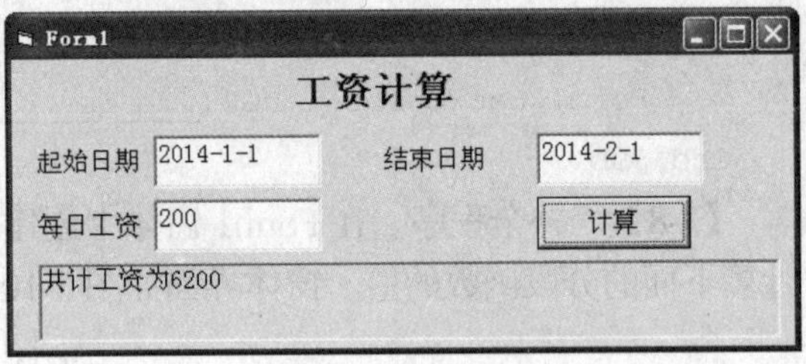

图3-11　运行结果

注意：不能修改程序中的其他部分，标题等属性的修改只能在属性窗口中进行。最后把修改后的文件按原文件名存盘。

【3-10】 2012年3月真题一（12）。

设x是小于10的非负数，则以下正确的VB表达式是（　）。

A. $0 \leqslant x < 10$　　B. 0<=x<10

C. x>=0 And x<10　　D. x>=0 Or x<=10

分析：A和B都是数学表达式，D表达的是x小于等于10或者x大于等于0。答案：C。

【3-11】 2012年3月真题一（14）。

下面定义窗体级变量a的语句中错误的是（　）。

A. Dim a%　　B. Private a%

C. Private a As Integer　　D. Static a%

分析：Static只能在过程内部设为静态变量，不能用在窗体模块或标准模块的通用声明段中。答案：D。

【3-12】 2012年3月真题一（16）。

设x=5，执行语句Print $x = x + 10$，窗体上显示的是（　）。

A. 15　　B. 5　　C. True　　D. False

分析：$x=x+10$ 表达式中“+”运算优先级高于“=”运算，所以先计算“+”运算，再判断“=”左右是否相等。答案：D。

【3-13】　2011 年 9 月真题一（13）。

设有如下变量声明语句：

```
Dim a, b As Boolean
```

则下面叙述中正确的是（　）。

A. *a* 和 *b* 都是布尔型变量　　B. *a* 是变体型变量，*b* 是布尔型变量

C. *a* 是整型变量，*b* 是布尔型变量　　D. *a* 和 *b* 都是变体型变量

分析：变量声明语句中变量的类型即使一样也不能共用，如 Dim *a* As Boolean, *b* As Boolean 才能声明 *a*、*b* 两个变量都是布尔型变量，而题目中的声明语句表示 *a* 是变体型变量。答案：B。

【3-14】　2011 年 9 月真题一（14）。

下列可以作为 Visual Basic 变量名的是（　）。

A. A#A　　B. 4ABC　　C. ?xy　　D. Print_Text

分析：VB 中变量的命名规则是，以字母或汉字开头，由字母、汉字、数字或下划线组成。不可以包含嵌入的句号或者类型声明字符，字母不区别大小写，不能和受到限制的关键字同名。答案：D。

【3-15】　2011 年 3 月真题一（14）。

下面可以产生 20~30（含 20 和 30）的随机整数的表达式是（　）。

A. Int（Rnd*10+20）　　B. Int（Rnd*11+20）

C. Int（Rnd*20+30）　　D. Int（Rnd*30+20）

分析：随机函数 Rnd 返回一个[0，1)的随机小数。答案：B。

【3-16】　2010 年 9 月真题一（17）。

语句 Print Sgn(－6^2)+ Abs(－6^2)+Int(－6^2)的输出结果是（　）。

A. －36　　B. 1　　C. －1　　D. －72

分析：Sgn 返回参数的正负号，Abs 返回参数的绝对值，Int 返回不大于给定参数的最大整数。答案：C。

四、实训拓展训练

【3-17】　在窗体上创建一个命令按钮（名称为 Command1，标题为“第一个”）、两个标签（名称分别为 Label1 和 Label2，标题分别为“原文”和“查找”）和两个文本框（名称分别为 Text1 和 Text2，内容均为空，其中 Text1 的 MultiLine 和 ScrollBars 属性均为 True）。

要求如下。

在“原文”和“查找”文本框中分别输入一串字符，单击“第一个”命令按钮后，如果“原文”文本框中包含“查找”文本框的内容，则将找到的内容选中，否则不显示任何结果。运行结果如图 3-12 所示。

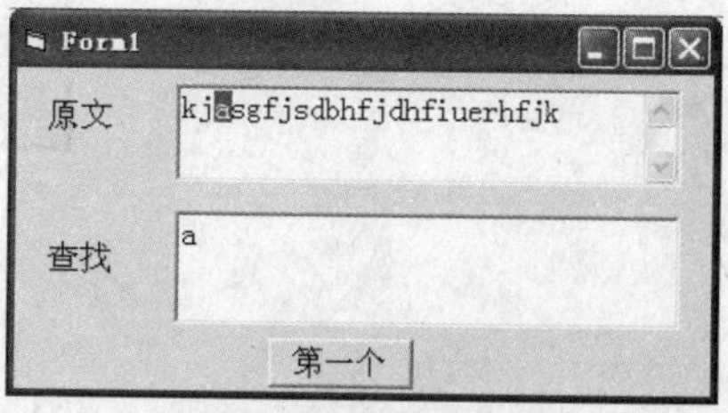

图 3-12　运行结果

分析：

（1）字符串查找函数 InStr(*x*, *y*)的使用。

作用：返回字符串 *y* 在字符串 *x* 中首次出现的位置，如果 *y* 不是 *x* 的子串，即 *y* 不存在于 *x* 中，则返回值为 0。

（2）“第一个”命令按钮单击事件代码如下。

```
Private Sub Command1_Click()
    Dim a As String, b As String, c As Integer, d As Integer
    a = Text1.Text
    b = Text2.Text
    c = Len(Text2.Text)
    d = InStr(a, b)                    '在 a 字符串中找到 b 字符串开始的位置
    If d <> 0 Then                     'd<>0 说明在字符串 a 中找到了 b
        Text1.SelStart = d - 1         '确定文本框中光标起始位置
        Text1.SelLength = c            '确定文本框中选中字符长度
        Text1.SetFocus                 '使文本框获得焦点从而选中内容
    End If
End Sub
```

五、思考练习

【3-18】 编写程序计算下面表达式的值，其中，x 和 y 由用户输入。

$$\sin 30^\circ + \frac{\sqrt{x + \mathrm{e}^5}}{|x - y|} + \ln(3x)$$

【3-19】 打开“实验实训三\思考练习\”文件夹下的 3-19.vbp 工程文件，Form1 窗体上包含三个标签（名称分别为 Label1、Label2 和 Label3，标题分别为“开始时间”、“结束时间”和空）、两个文本框（名称分别为 Text1 和 Text2，内容均为空）和三个命令按钮（名称分别为 Command1、Command2 和 Command3，标题分别为“开始”、“结束”和“计算”）。

要求如下。

（1）用户单击“开始”或“结束”命令按钮后，会在“开始时间”和“结束时间”文本框中分别显示当前系统时间。

（2）用户单击“计算”命令按钮后，将“开始时间”和“结束时间”文本框中的时间进行计算并得出时间间隔，并将结果显示在标签 Label3 中。运行结果如图 3-13 所示。

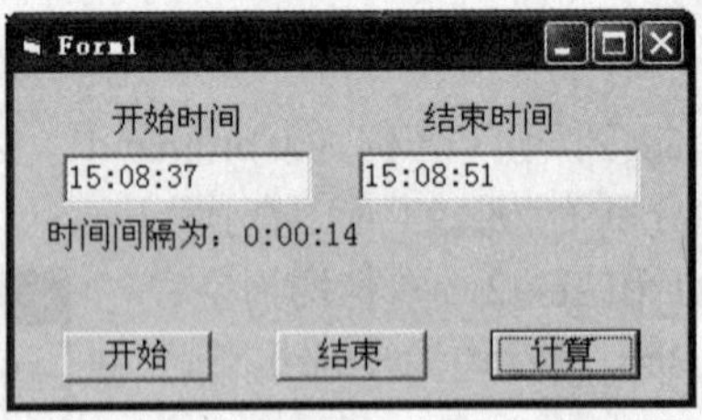

图 3-13　运行结果

实验实训四　顺序结构

一、实验实训目标

（1）掌握顺序结构。

（2）掌握基本输入/输出方法。

（3）了解常用算法的描述方式。

二、相关知识点

（1）顺序结构、赋值语句。

（2）基本输入/输出方法：除了使用 Text、Label 控件以外，还有 Print 方法、InputBox 函数、MsgBox 函数和语句、Format 格式输出函数等。

（3）常用算法的描述方式：自然语言、流程图、盒图（N-S 图）、伪代码、程序设计语言。

三、基本技能实验

1. 专项练习

【4-1】　修改程序。打开“实验实训四\专项练习”文件夹中的 4-1.vbp 工程文件，计算具有相同值的三个变量的和，运行程序，分析错误并修改程序。

要求如下。

（1）当用户单击 Form1 窗体时，输出如下三个变量的值，并求出这三个变量的和，错误运行结果如图 4-1 所示。

（2）找出并修改程序中的错误代码。

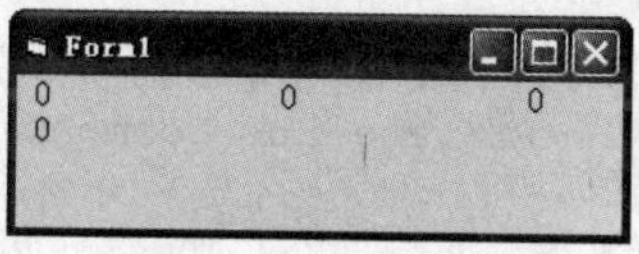

图 4-1　错误运行结果

实训分析：语句“*a*＝*b*＝*c*＝1”中只有最左侧的“=”是赋值符号，其他“=”是关系运算符；注意语句“*a*＝*b*＝*c*＝1”和语句“*a*＝1：*b*＝1 ：*c*＝1”在该程序中的区别。

实训操作步骤如下。

（1）建立新的工程文件。

（2）创建界面：空窗体。

（3）设置属性，如表 4-1 所示。

表 4-1　对象的属性设置

对象	属性名	设定属性值
Form1	Caption	（空）

（4）错误代码如下。

```
Private Sub Form_Click()
    Dim a As Integer, b As Integer, c As Integer
    a = b = c = 1
    Print a, b, c
    Print a + b + c
End Sub
```

【4-2】 补全程序。在 Form1 窗体中创建一个命令按钮和一个文本框，利用 InputBox 函数在文本框中输入“河北工程大学”。

要求如下。

（1）当用户单击如图 4-2 所示窗体界面上的命令按钮时，出现如图 4-3 所示的输入对话框，对话框标题为“输入”，提示信息为“输入学校名称”和“单击确定”两行，默认输入框中内容为“河北工程大学”。

（2）当用户单击“确定”命令按钮时，“河北工程大学”出现在图 4-2 的文本框中。

（3）程序不完整，请把它补充完整，并能正确运行。

图 4-2 窗体界面

图 4-3 输入对话框

实训分析：本题主要考查 InputBox 函数的应用。

实训操作步骤如下。

（1）建立新的工程文件。

（2）创建界面：一个命令按钮和一个文本框。

（3）设置属性，如表 4-2 所示。

表 4-2 对象的属性设置

对象	属性名	设定属性值
Text1	Text	（空）
Command1	Caption	输入

（4）补全代码。

```
Private Sub Command1_Click()
    Dim stra$
    stra = InputBox(______________, "输入", ____________)
    Text1.Text = stra
End Sub
```

想一想：如果要指定输入对话框的位置，该如何修改程序？

【4-3】 补全程序。实现单击 Form1 窗体时，出现消息对话框。

要求如下。

（1）当用户单击 Form1 窗体时，出现如图 4-4 所示的消息对话框，标题为“信息确认”，提示信息为“继续下去？”，并且有询问图标，两个命令按钮分别为“是”与“否”。

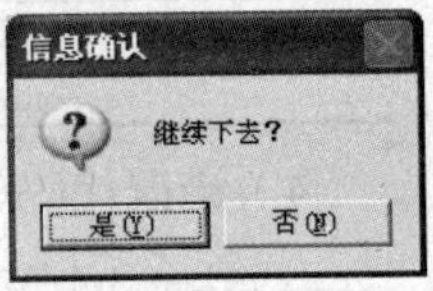

图 4-4 消息对话框

（2）当用户单击命令按钮“是”或者“否”时，在窗体上返回对话框的值。

（3）程序不完整，请把它补充完整，并能正确运行。

实训分析：本题主要考查 MsgBox 函数的应用。

实训操作步骤如下。

（1）建立新的工程文件。

（2）创建界面：空窗体。

（3）设置属性，如表 4-3 所示。

表 4-3 对象的属性设置

对象	属性名	设定属性值
Form1	Caption	（空）

（4）补全代码。

```
Private Sub Form_Click()
    Dim inta%
    inta = MsgBox("继续下去？",________________, "信息确认")
    Print inta
End Sub
```

【4-4】 补全程序。

要求如下。

（1）当用户单击窗体时，出现如图 4-5 所示的运行结果。

（2）程序不完整，请把它补充完整，并能正确运行。

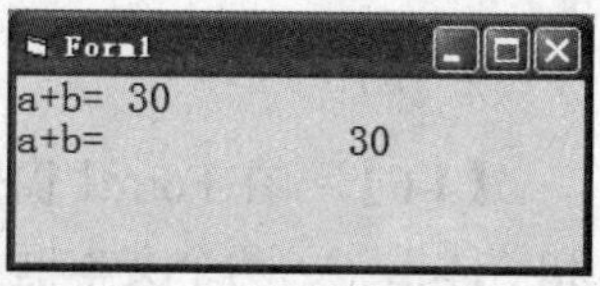

图 4-5 运行结果

实训分析：本题主要考查 Print 方法的应用。

实训操作步骤如下。

（1）建立新的工程文件。

（2）创建界面：空窗体。

（3）设置属性，如表 4-4 所示。

表 4-4 对象的属性设置

对象	属性名	设定属性值
Form1	Caption	（空）

（4）补全代码。

```
Private Sub Form_Click()
    Dim a%, b%
    a = 10: b = 20
    Print__________
    Print__________
End Sub
```

【4-5】 补全程序。

要求如下。

（1）当用户单击 Form1 窗体时，出现如图 4-6 所示的运行结果。

（2）程序不完整，请把它补充完整，并能正确运行。

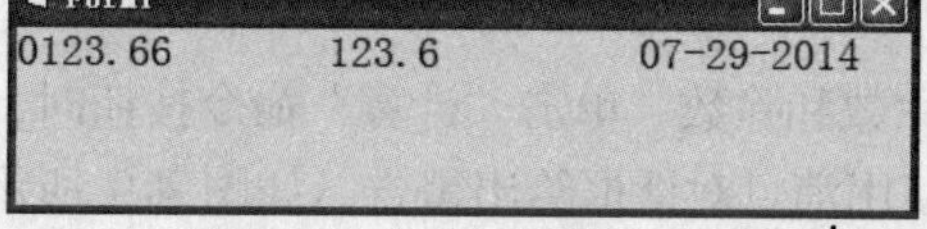

图 4-6 运行结果

实训分析：本题主要考查 Format 函数的应用。

实训操作步骤如下。

（1）建立新的工程文件。

（2）创建界面：空窗体。

（3）设置属性，如表 4-5 所示。

表 4-5　对象的属性设置

对象	属性名	设定属性值
Form1	Caption	（空）

（4）补全代码。

```
Private Sub Form_Click()
    Dim a1$, a2$, a3$
    a1 = Format(123.658, "0000.00")
    a2 = Format(123.6, "####.##")
    a3 = Format(Now, ______________)
    Print a1, a2, a3
End Sub
```

2. 测试练习

【4-6】　在 Form1 窗体上创建两个标签（名称分别为 Label1 和 Label2，标题分别为“身高”和“体重”）、两个文本框（名称分别为 Text1 和 Text2，Text 属性均为空）和一个命令按钮（名称为 Command1，标题为“输入”）。然后编写命令按钮的 Click 事件过程。

要求如下。

（1）程序运行后，如果单击“输入”命令按钮，则先后显示两个输入对话框，在两个输入对话框中分别输入身高和体重，确认后分别显示在两个文本框中，运行结果如图 4-7 所示。

（2）程序中不得使用任何变量。

（3）将程序保存在“实验实训四\测试练习\”文件夹下。

图 4-7　运行结果

【4-7】　在“实验实训四\测试练习\”文件夹下有一个工程文件 4-7.vbp，设计除法运算器。窗体 Form1 上有四个标签（名称分别为 Label1、Label2、Label3、Label4，标题分别为空、“被除数:”、“除数:”、“结果:”）、两个文本框（名称分别为 Text1 和 Text2，Text 属性均为空）、一个命令按钮（名称为 Command1，标题为“计算”），如图 4-8 所示。文件中已经给出了全部控件和程序，但程序不完整，请把它补充完整，并能正确运行。

要求如下。

（1）在文本框中输入被除数和除数，单击“计算”命令按钮时，结果在 Label1 标签中输出。

（2）如果除数为 0，则使用消息对话框给出警告，如图 4-9 所示，同时清空除数文本框，且该文本框得到焦点。

（3）去掉程序中的注释符，把程序中的“?”改为正确的内容。

注意：不能修改程序中的其他部分，标题等属性的修改只能在属性窗口中进行。最后把修改后的文件按原文件名存盘。

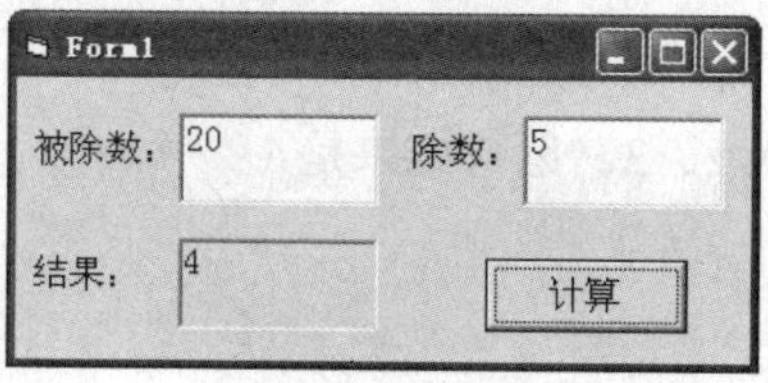

图 4-8　运行结果

图 4-9　消息对话框

【4-8】　在“实验实训四\测试练习\”文件夹下有一个工程文件 4-8.vbp，Form1 的窗体上有两个命令按钮（名称分别为 Command1、Command2，标题分别为“打开”、“退出”）和一个标签（名称为 Label1，标题为“你输入的文件名为:”），窗体界面如图 4-10 所示。文件中已经给出了全部控件和程序，但程序不完整，请把它补充完整，并能正确运行。

要求如下。

（1）当用户单击“打开”命令按钮后弹出输入对话框，要求输入文件名称。

（2）当用户输入文件名称为空时，则出现询问消息对话框，要求有询问图标、“确定”按钮、“取消”按钮。

（3）当用户输入的文件名称不为空时，要求用户输入的文件名称显示在 Form1 窗体的标签中。

（4）去掉程序中的注释符，把程序中的“?”改为正确的内容。

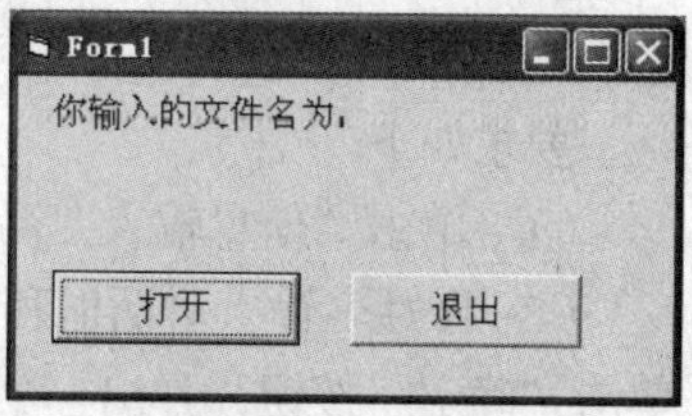

图 4-10　窗体界面

注意： 不能修改程序中的其他部分，标题等属性的修改只能在属性窗口中进行。最后把修改后的文件按原文件名存盘。

【4-9】　2012 年 3 月真题一（20）。

设程序中有如下语句：

```
x = InputBox("输入", "数据", 100)
Print x
```

运行程序，执行上述语句，输入 5 并单击如图 4-11 所示输入对话框中的“取消”按钮，则窗体上输出（　　）。

A. 0　　B. 5　　C. 100　　D. 空白

分析：InputBox 函数的功能是在输入对话框中显示提示（此处为“输入”），等待用户输入文本或单击按钮，并返回结果。如果用户单击“确定”按钮或按下 Enter 键，则 InputBox 函数返回文本框中的内容。如果用户单击“取消”按钮，则函数返回一个零长度字符串("")。本题要注意的是 InputBox 函数返回的是 String 类型的数据，由于返回零长度字符串，所以在窗体上输出空白而不是 0。答案：D。

图 4-11　输入对话框

【4-10】　2012 年 9 月真题一（18）。

窗体上有一个名称为 Label1 的标签和一个名称为 Command1 的命令按钮。命令按钮的单击事件过程如下。

```
Private Sub Command1_Click()
    x = InputBox("输入x: ", , 0)
```

```
    y = InputBox("输入y: ", , 0)
    Label1.Caption = x + y
End Sub
```

运行程序，单击命令按钮，在输入对话框中分别输入 2、3，运行结果是（　　）。

A. 程序运行有错误，数据类型不匹配

B. 程序运行有错误，InputBox 函数的格式不对

C. 在 Label1 中显示 5

D. 在 Label1 中显示 23

分析：InputBox 函数返回的是 String 类型的数据，Label1 标签的 Caption 属性也是 String 类型的数据，输入的 2、3 进行字符串连接，所以在窗体标签上输出的是 23。答案：D。

四、实训拓展训练

【4-11】　在名称为 Form1 的窗体上创建一个命令按钮（名称为 Command1，标题为“信息输入”）。

要求如下。

（1）单击“信息输入”命令按钮，先后弹出两个输入对话框。

（2）在姓名输入对话框和年龄输入对话框中分别输入相应信息后单击“确定”按钮，弹出一个信息显示消息框，如图 4-12 所示，其中将学生姓名和学生年龄以分行的形式显示。

图 4-12　信息显示消息框

分析：在消息框或输入对话框中提示信息若需分行显示。具体方法有：①在需分行处用 Chr$(10)+Chr$(13)连接；②VB 系统常量中的 vbCrLf 也可以用来分行。

【4-12】　在名称为 Form1 的窗体上创建一个命令按钮（名称为 Command1，标题为“信息输入”）和六个标签（名称分别为 Label1、Label2、Label3、Label4、Label5、Label6，标题分别为“姓名”，“学号”、“成绩”、空、空、空）。

要求如下。

（1）自定义学生记录数据类型 student 完成以下功能。

（2）单击“信息输入”命令按钮，先后弹出三个输入对话框，分别用来接收输入的姓名、学号和成绩。

（3）输入相应信息并单击“确定”按钮后，将信息分别显示在相应标签中，结果如图 4-13 所示。

图 4-13　运行结果

分析：

（1）自定义一个包含学生“姓名”、“学号”和“成绩”等数据的记录数据类型 student。在窗体的通用声明段落输入以下代码。

```
Private Type student
    name As String
    number As String
    grade As Single
End Type
```

（2）应用 student 数据类型完成要求功能，代码如下。

```
Private Sub Command1_Click()
    Dim a As student                          '定义一个 student 类型的变量 a
    a.name = InputBox("姓名")
    a.number = InputBox("学号")
    a.grade = InputBox("成绩")
    Label4.Caption = a.name
    Label5.Caption = a.number
    Label6.Caption = a.grade
End Sub
```

五、思考练习

【4-13】 编写一个程序，通过单击窗体在窗体上输出如图 4-14 所示的内容。

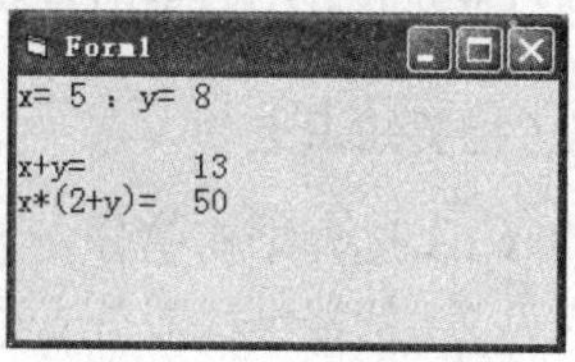

图 4-14 运行结果

要求如下：利用 6 条 Print 语句输出 4 行结果（包括中间的空行）。

【4-14】 在名称为 Form1 的窗体上创建一个命令按钮（名称为 Command1，标题为“运行程序”）。

要求如下。

（1）当单击“运行程序”命令按钮后，弹出一个输入对话框。

（2）在弹出的输入对话框中输入一个四位数并单击“确定”按钮，则在窗体上打印输出其千位数、百位数、十位数和个位数。运行结果如图 4-15 所示。

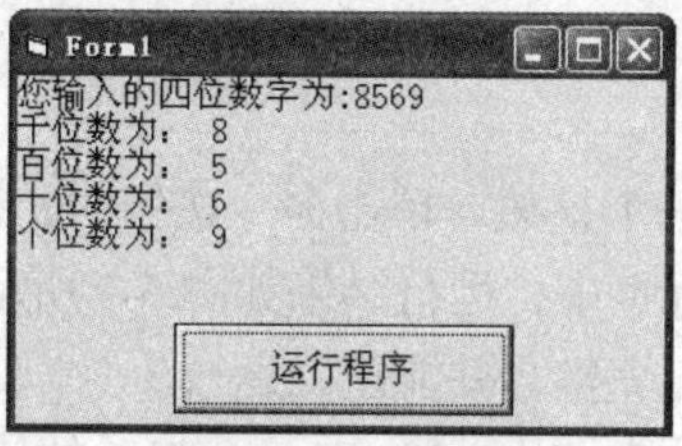

图 4-15 运行结果

实验实训五　选择结构

一、实验实训目标

（1）掌握选择结构单分支结构。

（2）掌握选择结构双分支结构。

（3）掌握选择结构多分支结构。

（4）了解用数学语言表示问题模型的方法。

二、相关知识点

（1）选择结构单分支结构：If…Then。

（2）选择结构双分支结构：If…Then…Else。

（3）选择结构多分支结构：if…Then…ElseIf；Select…Case。

（4）IIF 函数。

（5）选择结构嵌套。

（6）数学建模的实质是：提取操作对象→找出对象间的关系→用数学语言进行描述。

三、基本技能实验

1. 专项练习

【5-1】　补全程序。在 Form1 窗体中创建一个命令按钮、一个标签、一个文本框。要求如下。

（1）当用户在文本框中输入一个整数，单击命令按钮时，对它进行奇偶性判断，并将结果显示在标签中，运行结果如图 5-1 所示。

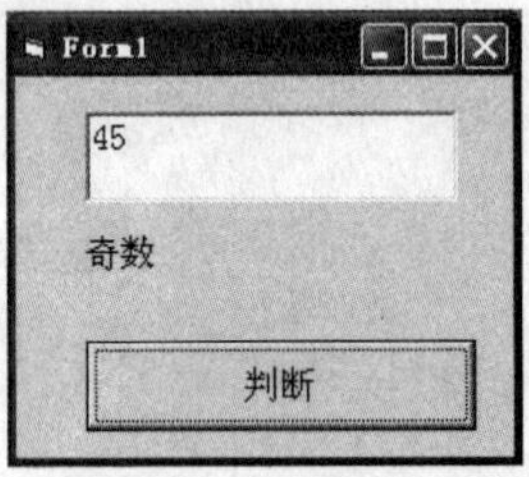

图 5-1　运行结果

（2）程序不完整，请把它补充完整，并能正确运行。

实训分析：本题主要考查双分支结构：If…Then…Else 的使用。

实训操作步骤如下。

（1）建立新的工程文件。

（2）创建界面：一个命令按钮、一个标签，一个文本框。

（3）设置属性，如表 5-1 所示。

表 5-1　对象的属性设置

对象	属性名	设定属性值
Label1	Caption	（空）
Text1	Text	（空）
Command1	Caption	判断

（4）补全代码。

```
Private Sub Command1_Click()
    If______________Then
        Label1.Caption = "偶数"
```

```
    Else
        Label1.Caption = "奇数"
    ______
End Sub
```

【5-2】 补全程序。在 Form1 窗体中创建一个命令按钮、四个标签和四个文本框，对 *X*、*Y*、*Z* 三个整数比较大小，并按由大到小的顺序输出。运行结果如图 5-2 所示。

要求如下。

（1）用户依次在 *X*、*Y*、*Z* 对应的文本框中输入要进行排序的数值。

（2）当用户单击“排序”命令按钮时，排好序的结果显示在“排序结果:”文本框中。

（3）程序不完整，请把它补充完整，并能正确运行。

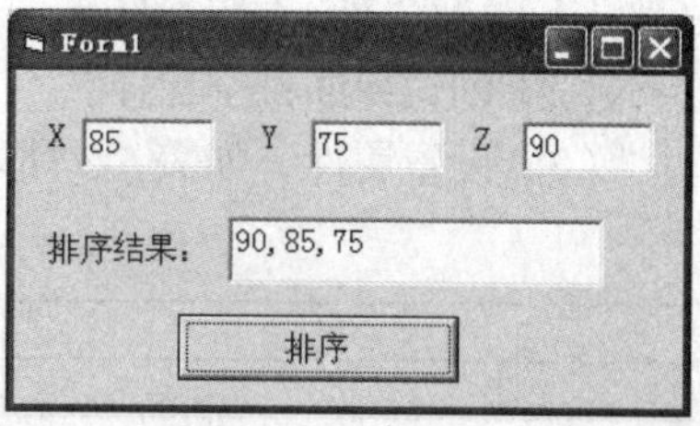

图 5-2 运行结果

实训分析：本题主要考查单分支结构 If…Then 的应用。

实训操作步骤如下。

（1）建立新的工程文件。

（2）创建界面：一个命令按钮、四个文本框、四个标签。

（3）设置属性，如表 5-2 所示。

表 5-2 对象的属性设置

对象	属性名	设定属性值	对象	属性名	设定属性值
Label1	Caption	X	Text2	Text	（空）
Label2	Caption	Y	Text3	Text	（空）
Label3	Caption	Z	Text4	Text	（空）
Label4	Caption	排序结果:	Command1	Caption	排序
Text1	Text	（空）			

（4）补全代码。

```
Private Sub Command1_Click()
    Dim x!, y!, z!, t!
    x = Val(Text1.Text)
    y = Val(Text2.Text)
    z = Val(Text3.Text)
    If x < y Then
        t= x : x = y : y = t
    End If
    If x < z Then
        __________
    End If
    If ______Then
        t = y : y = z : z = t
    End If
    Text4.Text = x & "," & y & "," & z
End Sub
```

想一想：请使用选择结构嵌套方法实现上述功能。

【5-3】 补全程序。用户输入一个字符，请判断该字符是字母字符、数字字符还是其他字符。

要求如下。

（1）当用户单击窗体时，出现输入对话框，在对话框中输入一个字符，判断该字符是字母字符、数字字符还是其他字符，并把结果显示到窗体上，运行结果如图 5-3 所示。

（2）显示结果为宋体、三号字。

（3）程序不完整，请把它补充完整，并能正确运行。

实训分析：本题主要考查多分支结构 If…Then…ElseIf、Select…Case 的应用。

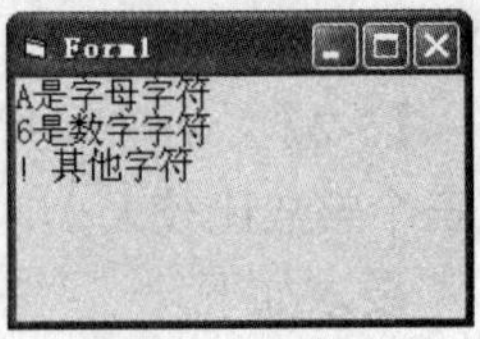

图 5-3　运行结果

实训操作步骤如下。

（1）建立新的工程文件。

（2）创建界面：空窗体。

（3）设置属性，如表 5-3 所示。

表 5-3　对象的属性设置

对象	属性名	设定属性值
Form1	Font	宋体、三号字

（4）补全代码。

```
Private Sub Form_click()
    Dim strc$
    strc = InputBox("请输入一个字符：")
    If UCase(strc) >= "A" And UCase(strc) <= "Z" Then
        Print strc + "是字母字符"
    ElseIf ______________ Then
        Print strc + "是数字字符"
    Else
        Print strc + "其他字符"
    ______________
End Sub
```

想一想：请使用选择结构 Select…Case 实现上述功能。

【5-4】　补全程序。行李托运费计算公式如下（w 为行李重量，单位为千克）

$$x=\begin{cases}0.25\times w, & w\leqslant 50\\ 0.25\times 50+0.35\times(w-50), & 50<w\leqslant 100\\ 0.25\times 50+0.35\times 50+0.45(w-100), & w>100\end{cases}$$

在 Form1 窗体中创建一个命令按钮、两个标签和两个文本框，实现对用户输入的行李重量按已知公式计算托运费用。窗体组成如图 5-4 所示。

要求如下。

（1）当用户在第一个文本框中输入行李重量后，单击“计算运费”命令按钮，在另一个文本框中显示托运费用。

（2）程序不完整，请把它补充完整，并能正确运行。

实训分析：本题主要考查多分支结构 If…Then…ElseIf、Select…Case 的应用。

图 5-4　窗体界面

实训操作步骤如下。

（1）建立新的工程文件。

（2）创建界面：一个命令按钮、两个标签和两个文本框。

（3）设置属性，如表 5-4 所示。

表 5-4　对象的属性设置

对象	属性名	设定属性值
Label1	Caption	行李重量
Label2	Caption	托运费用
Text1	Text	（空）
Text2	Text	（空）
Command1	Caption	计算费用

（4）补全代码。

```
Private Sub Command1_Click()
    Dim w As Single, x As Single
    w = Val(Text1.Text)
    Select  Case  w \ 10
    Case ________
        x = 0.25 * w
    Case
        x = 0.25 * 50 + 0.35 * (w - 50)
    Case Else
        x = 0.25 * 50 + 0.35 * 50 + 0.45 * (w - 100)

    ________
    Text2.Text = Str(x)
End Sub
```

想一想：请使用选择结构 If…Then…ElseIf 实现上述功能。

2. 测试练习

【5-5】　在“实验实训五\测试练习\”文件夹中有一个工程文件 5-5.vbp，设计一个用户登录界面，其窗体包含两个标签（名称分别为 Label1、Label2，标题分别为“口令:”、“允许次数:”）、一个命令按钮（名称为 Command1，标题为“确定”）、两个文本框（名称分别为 Text1 和 Text2，其中在 Text1 文本框中输入的内容显示“*”，Text2 文本框中的初始内容为 3），运行结果如图 5-5 所示。文件中已经给出了全部控件和程序，但程序不完整，请把它补充完整，并能正确运行。

要求如下。

（1）在“口令:”文本框输入正确口令（123456）后，单击“确定”按钮，则在该文本框中显示“口令正确”。

（2）如果输入其他内容，单击“确定”按钮后，弹出如图 5-6 所示的错误提示对话框，并且“允许次数:”文本框中的数字减 1。最多可输入 3 次口令，若 3 次都输入错误，则禁止再次输入（“口令:”文本框不可用）。

（3）去掉程序中的注释符，把程序中的“？”改为正确的内容。

注意：不能修改程序中的其他部分，最后把修改后的文件按原文件名存盘。

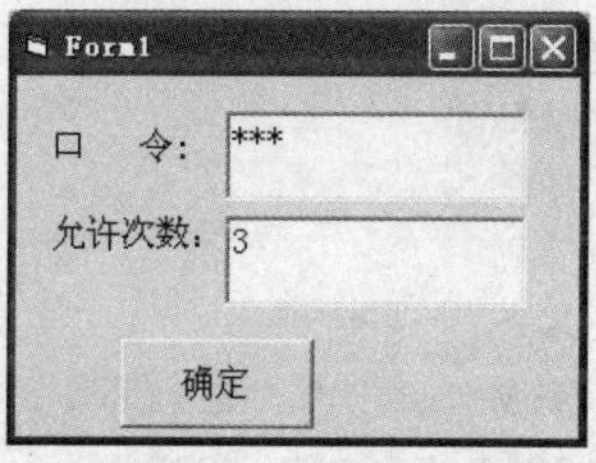

图 5-5　运行结果 1

图 5-6　运行结果 2

【5-6】　在“实验实训五\测试练习\”文件夹中有一个工程文件 5-6.vbp，其中 Form1 窗体上

有两个标签（名称分别为 Label1、Label2，标题分别为“月份”、“天数”）、两个文本框（名称分别为 Text1 和 Text2，Text 属性均为空），一个命令按钮（名称为 Command1，标题为“显示天数”）。根据输入的月份判断该月份对应的天数，运行结果如图 5-7 所示。文件中已经给出了全部控件和程序，但程序不完整，请把它补充完整，并能正确运行。

要求如下。

（1）当用户在“月份”文本框中输入月份值（1~12）时，单击“显示天数”命令按钮后，在“天数”文本框显示该月份对应的天数（其中，1、3、5、7、8、10、12 月为 31 天，4、6、9、11 月为 30 天，2 月为 28 天）。

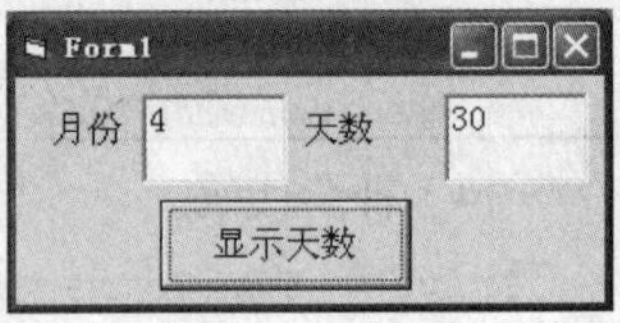

图 5-7　运行结果

（2）去掉程序中的注释符，把“？”改为正确的内容。

注意：不得修改已经存在的内容和控件属性，最后将修改后的文件按原文件名存盘。

【5-7】　2011 年 3 月真题一（26）。

设窗体上有一个名为 Text1 的文体框和一个名为 Command1 的命令按钮，并有以下事件过程。

```
Private Sub Command1_Click()
    x! = Val(Text1.Text)
    Select  Case  x
    Case Is < -10, Is >= 20
        Print "输入错误"
    Case Is < 0
        Print 20 - x
    Case Is < 10
        Print 20
    Case Is <= 20
        Print x + 10
    End Select
End Sub
```

则程序运行时，如果在文本框中输入-5，则单击命令按钮后的输出结果是（　）。

A. 5　　B. 20　　C. 25　　D. 输入错误

分析：本题考查的知识点是 Select…Case 语句，其功能是将测试表达式的值与 Case 子句中表达式列表的值进行比较，根据比较结果决定执行哪一个分支。本题中测试表达式为 x，当在文本框中输入-5 后，经过赋值语句 $x!$ = Val(Text1.Text)后 x 的值为-5，符合“Is < 0”条件，所以执行 Print 20 − x。答案：C。

【5-8】　2012 年 3 月真题一（19）。

设有分段函数

$$y=\begin{cases}5, & x<0\\ x\times 2, & 0\leqslant x\leqslant 5\\ x\times x+1, & x>5\end{cases}$$

以下表示上述分段函数的语句序列中错误的是（　）。

A.
```
Select Case x
    Case Is < 0
        y = 5
  Case Is <= 5, Is > 0
    y = 2 * x
```

B.
```
If x < 0 Then
    y = 5
ElseIf x <= 5 Then
    y = 2 * x
Else
```

```
  Case Else
      y = x * x + 1
 End Select
```

```
    y = x * x + 1
    End If
```

C. `y=IIf(x<0,5,IIf(x<=5,2*x,x*x+1))`

D.
```
If x<0 Then y=5
If x<=5 And x>=0 Then y=2*x
If x>5 Then y=x*x+1
```

分析：本题考查选择结构的各个形式，Case Is <= 5, Is > 0 表示符合 $x \leqslant 5$ 或 $x > 0$ 的情况，与分段函数要求不同。答案：A。

四、实训拓展训练

【5-9】 在名称为Form1的窗体上创建六个标签（名称分别为Label1、Label2、Label3、Label4、Label5、Label6，标题分别为“猜拳游戏（人机对抗版）”、“电脑”、“用户”、空、空、空，其中Label4、Label5的BorderStyle属性值为1-Fixed Single）和四个命令按钮（名称分别为Command1、Command2、Command3、Command4，标题分别为“石头”、“剪刀”、“布”、“统计”）。

要求如下。

（1）当单击“石头”、“剪刀”、“布”中任意一个命令按钮后，计算机随机从中选择一个，并将结果显示在标签中。运行结果如图5-8所示。

（2）当单击“统计”命令按钮后，将之前所进行游戏的胜出数显示在标签中。运行结果如图5-9所示。

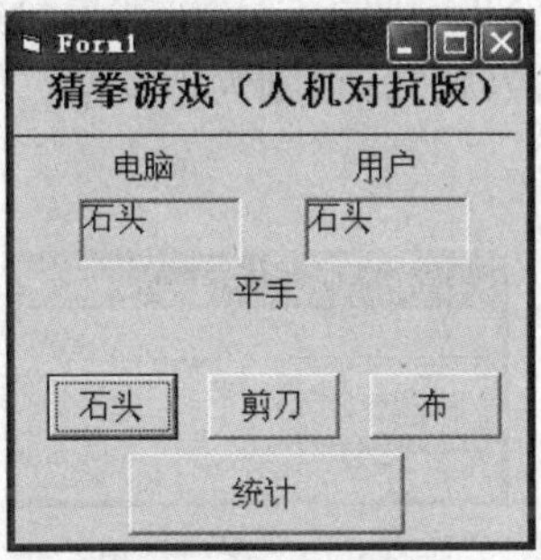

图5-8　运行结果

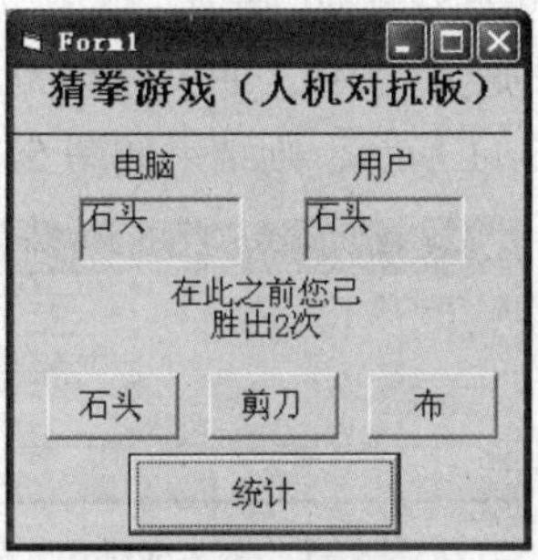

图5-9　统计结果

分析：“石头”、“剪刀”、“布”三个命令按钮的单击事件完成的任务基本相似。考虑使用模块级变量进行统计。

【5-10】 创建一个彩票兑奖程序，窗体由一个命令按钮（名称为Command1，标题为“查看结果”）、两个标签（名称分别为Label1和Label2，标题分别为“请输入一个七位数字”和空）和一个文本框（名称为Text1，内容为空）。彩票的兑奖规则为：如果号码完全相同则中得一等奖；号码后六位相同则中得二等奖；以此类推，号码最后一位相同则中得七等奖；号码完全不同则不中奖。彩票号码使用Rnd函数产生，Label2中的内容由每次随机产生的彩票号码决定。程序运行结果如图5-10所示。

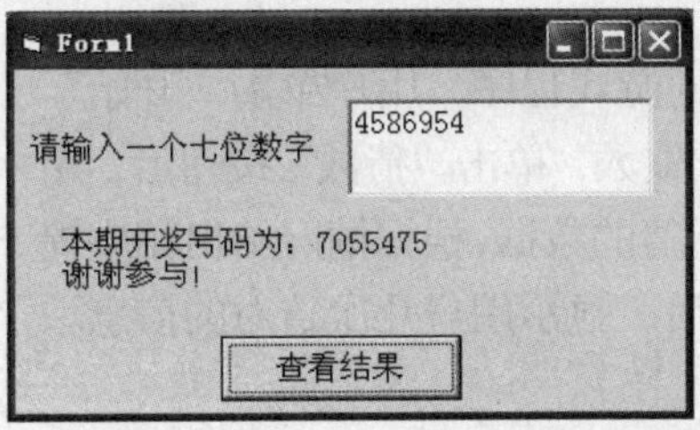

图5-10　运行结果

分析：

"查看结果"命令按钮的单击事件代码如下。

```
Private Sub Command1_Click()
    UserNo = Text1.Text                              'UserNo 为用户输入的彩票号码
    RandNo = Format(Int(Rnd * 10000000), "0000000")  'RandNo 为随机产生的彩票号码
    StrA = "本期开奖号码为：" + RandNo & Chr$(13) + Chr$(10)
    If Right(UserNo, 7) = Right(RandNo, 7) Then
        Label2.Caption = StrA + "恭喜您中得一等奖！"
    ElseIf Right(UserNo, 6) = Right(RandNo, 6) Then
        Label2.Caption = StrA + "恭喜您中得二等奖！"
    …
    End If
End Sub
```

五、思考练习

【5-11】 在名称为Form1的窗体上创建一个文本框（名称为Text1，属性为空）和一个命令按钮（名称为Command1，标题为"输入分数"），使用"优"、"良"、"中"、"及格"、"不及格"进行成绩评定。

要求如下。

当单击"输入分数"命令按钮后，出现输入对话框，用户输入考试分数，对分数进行判断：如果分数大于等于90则为"优"，如果分数为80~90（包括80）则为"良"，如果分数为70~80（包括70）则为"中"，如果分数为60~70（包括60）则为"及格"，否则为不及格。如输入分数85，如图5-11所示，则结果如图5-12所示。

图5-11　输入成绩

图5-12　运行结果

【5-12】 在名称为Form1的窗体上创建两个标签（名称分别为Label1、Label2，标题分别为"正整数"、"判断结果"）、两个文本框（名称分别为Text1和Text2，Text属性均为空）和一个命令按钮（名称为Command1，标题为"判断奇偶和范围"）。

要求如下。

在"正整数"文本框中任意输入一个正整数。当单击"判断奇偶和范围"命令按钮后，进行判断：①判断范围，即"大于500的"或"500以内的"；②判断奇偶，即"奇数"或"偶数"。如输入305，则运行结果如图5-13所示。

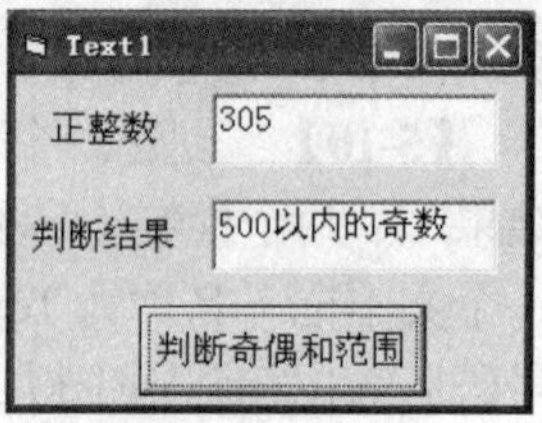

图5-13　运行结果

【5-13】 编写一个猜数字的游戏程序，用户单击"开始"按钮后，系统随机生成一个两位整数，单击"猜数"按钮后，用户在生成的输入对话框中输入所猜的数据，根据情况给出相应提示（"太大"或"太小"），猜对后，显示用户几次猜对的信息。运行结果如图5-14所示。

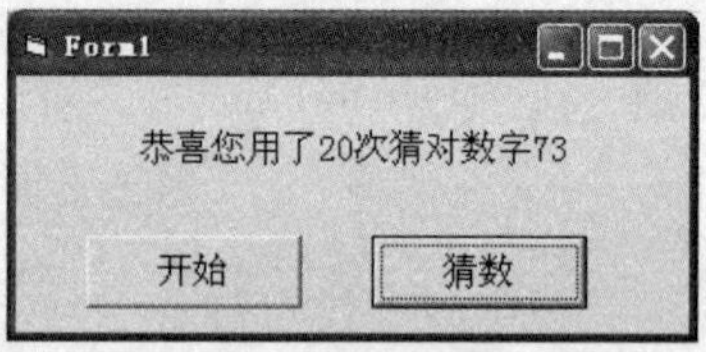

图5-14　运行结果

实验实训六　循环结构一

一、实验实训目标

（1）掌握计数循环结构。

（2）掌握条件循环结构。

（3）掌握常用算法的设计策略。

二、相关知识点

（1）计数循环控制结构 For…Next。

（2）当循环控制结构 While…Wend。

（3）Do 循环控制结构 Do While…Loop 等。

（4）常用算法：递推法、递归法、枚举法、分治法等。

三、基本技能实验

1. 专项练习

【6-1】　补全程序。在 Form1 窗体中创建两个命令按钮、三个标签和三个文本框，计算从 *N* 累计求和到 *M*（*N*+*N*+1+*N*+2+…+*M*）的值。运行结果如图 6-1 所示。

要求如下。

（1）当用户在 *N* 对应的文本框中输入一个起始整数，在 *M* 对应的文本框中输入一个结束整数，单击“计算”命令按钮时，从 *N* 累计求和到 *M*（*N*+*N*+1+*N*+2+…+*M*）的值，结果显示在“计算结果:”文本框中。

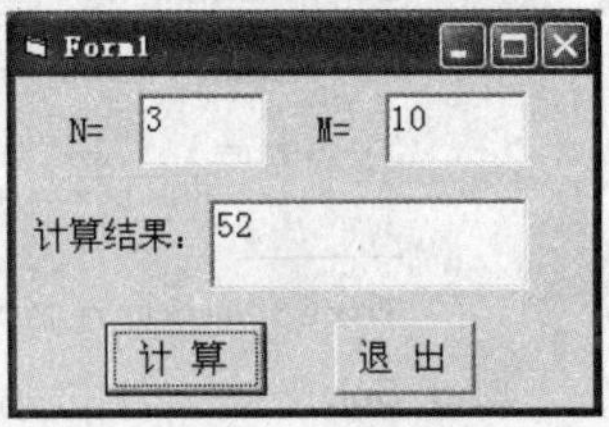

图 6-1　运行结果

（2）当用户单击“退出”命令按钮时，结束程序。

（3）程序不完整，请把它补充完整，并能正确运行。

实训分析：本题主要考查计数循环结构 For…Next 语句的使用。

实训操作步骤如下。

（1）建立新的工程文件。

（2）创建界面：两个命令按钮、三个标签，三个文本框。

（3）设置属性，如表 6-1 所示。

表 6-1　对象的属性设置

对象	属性名	设定属性值
Label1	Caption	N=
Label2	Caption	M=
Label3	Caption	计算结果:
Text1	Text	（空）
Text2	Text	（空）
Text3	Text	（空）
Command1	Caption	计算
Command2	Caption	退出

（4）补全代码。

```
Private Sub Command1_Click()
    Dim n As Integer, m As Integer, i As Integer, sum As Long
    n = Text1.Text
    m = Text2.Text
    sum =________
    For i = n To m
        sum = ________
    ________
    Text3.Text = sum
End Sub
Private Sub Command2_Click()
    End
End Sub
```

想一想：请使用 Do While…Loop 方法实现上述功能，下面的程序不完整，请把它补充完整，并能正确运行。

```
Private Sub Command1_Click()
    Dim n As Integer, m As Integer, i As Integer, sum As Long
    n = Text1.Text
    m = Text2.Text
    sum = 0
    i =n
    Do While ______
        sum = sum + i
        i =______
    ______
    Text3.Text = sum
End Sub
```

【6-2】 补全程序。在 Form1 窗体中创建三个命令按钮和一个图片框（加载图片为“实验实训六\专项练习\tuzi.jpg”），编程实现兔子奔跑。窗体界面如图 6-2 所示。

要求如下。

（1）当用户单击“前跑”命令按钮时，兔子由窗体左侧快速跑到窗体右侧。

（2）当用户单击“后跑”命令按钮时，兔子由窗体右侧快速跑到窗体左侧。

（3）当用户单击“移动”命令按钮时，兔子由窗体左侧慢速跑到窗体右侧，每单击一次命令按钮，兔子跑动一步（100 缇）。

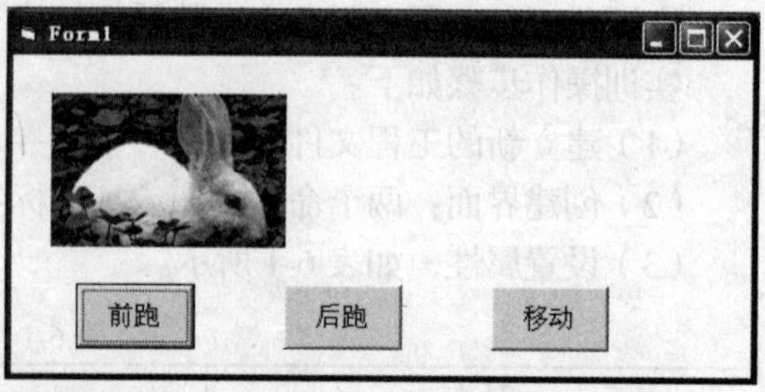

图 6-2　运行结果

（4）程序不完整，请把它补充完整，并能正确运行。

实训分析：本题主要考查计数循环结构 For…Next 的使用。

实训操作步骤如下。

（1）建立新的工程文件。

（2）创建界面：三个命令按钮和一个图片框。

（3）设置属性，如表 6-2 所示。

表 6-2　对象的属性设置

对象	属性名	设定属性值
Picture1	Picture	实验实训六\专项练习\ tuzi.jpg
Form1	Width	10000 缇
	Heigh	8000 缇
	BackColor	白色
Command1	Caption	前跑
Command2	Caption	后跑
Command3	Caption	移动

（4）补全代码。

```
Private Sub Command1_Click()
    For i = 1 To 7500
        Picture1.Left = Picture1.Left + 1
    Next i
End Sub
Private Sub Command2_Click()
    For i = 1 To 7500
        ______________________
    Next i
End Sub
Private Sub Command3_Click()
    Picture1.Left = Picture1.Left + 100
End Sub
```

【6-3】　补全程序。在 Form1 窗体中创建一个命令按钮，实现人口增长问题的计算。运行结果如图 6-3 所示。

要求如下。

（1）当用户单击命令按钮时，在窗体上显示多少年后人口增长超过 30 亿，同时显示当前人口数（假设现在人口 13 亿，以后每年按 6%增长）。

图 6-3　运行结果

（2）程序不完整，请把它补充完整，并能正确运行。

实训分析：本题主要考查条件循环 Do While…Loop 的应用。

实训操作步骤如下。

（1）建立新的工程文件。

（2）创建界面：一个命令按钮。

（3）设置属性，如表 6-3 所示。

表 6-3　对象的属性设置

对象	属性名	设定属性值
Command1	Caption	计算

（4）补全代码。

```
Private Sub Command1_Click()
    Dim year As Integer, people As Single
```

```
    people = 13
    year = 0
    Do While ____________
        people = ____________
        year = year + 1
    Loop
    Print year, people
End Sub
```

想一想：请使用 For…Next 结构实现上述功能，下面的程序有误，请找出错误并修改。

```
Private Sub Command1_Click()
Dim year As Integer, people As Single
    year=0
    For people = 13 To 30 Step 0.006
        people = people*1.006
        year = year+1
    Next people
    Print year, people
End Sub
```

2. 测试练习

【6-4】 在“实验实训六\测试练习\”文件夹下有一个工程文件 6-4. vbp，功能是解决猴子吃桃问题。猴子摘了一堆桃，第一天吃了一半零一个；第二天又吃了剩下的一半零一个；以后每天如此。到了第 *n* 天，猴子一看只剩下一个桃子了。问最初有多少个桃子？（天数 *n* 需要通过输入对话框输入）。文件中给出了 Form_Click()的事件过程，但程序不完整，请把它补充完整，并能正确运行。

要求如下。

（1）单击窗体，弹出输入对话框并输入天数，确定后，在窗体上显示第几天及当天的桃子数目。例如，输入 5 天后，运行结果如图 6-4 所示。

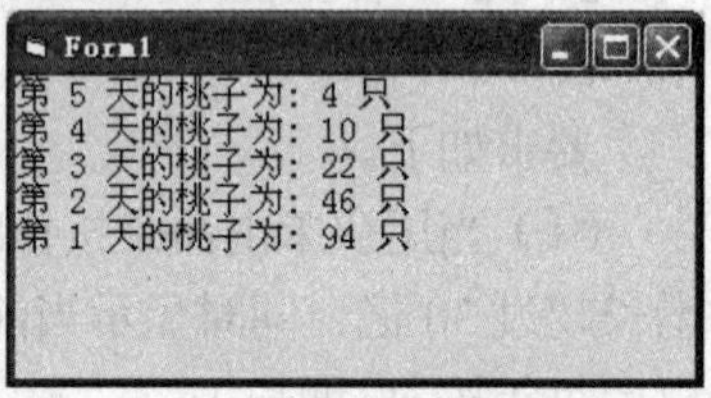

图 6-4 运行结果

（2）去掉程序中的注释符，把“?”改为正确的内容。

注意：不能修改程序中的其他部分，最后把修改后的文件按原文件名存盘。

【6-5】 2011 年 3 月真题一（25）。

下面程序的执行结果是( )。

```
Private Sub Command1_Click()
    a = 10
    For k = 1 To 5 Step -1
        a = a - k
    Next k
    Print a; k
End Sub
```

A. −5 6　　B. −5 −5　　C. 10 0　　D. 10 1

分析：本题考查的知识点是 For…Next 结构，本题 For 循环的步长为-1，但题中给出的初始值比终止值小，因此循环未执行，故 *a* 值未变，仍为 10。*k* 值需被赋值为 1 后停止循环，故 *k* 值为 1。答案：D。

【6-6】 2011 年 9 月真题一（26）。

有一个数列，它的前 3 个数为 0，1，1，此后的每个数都是其前面 3 个数之和，即 0，1，1，2，4，7，13，24，…。要求编写程序输出该数列中所有不超过 1000 的数。

某人编写的程序如下。

```
Private Sub Form_Click()
    Dim i As Integer, a As Integer, b As Integer
    Dim c As Integer, d As Integer
    a = 0: b = 1: c = 1
    d = a + b + c
    i = 5
    While d <= 1000
        Print d;
        a = b: b = c: c = d
        d = a + b + c
        i = i + 1
    Wend
End Sub
```

运行上面的程序，发现输出的数列不完整，应进行修改，则以下正确的修改是（　）。

A. 把 While d<= 1000 改为 While d > 1000

B. 把 $i=5$ 改为 $i=4$

C. 把 $i=i+1$ 移到 While d<= 1000 的下面

D. 在 $i=5$ 的上面增加一条语句 Print *a*; *b*; *c*;

分析：本题的运行结果少了最初的三个序列值，所以在循环体外增加最初的序列输出。答案：D。

【6-7】 2011 年 9 月真题一（21）。

设有如下程序。

```
Private Sub Form_Click()
    Dim s As Long, f As Long
    Dim n As Integer, i As Integer
    f = 1
    n = 4
    For i = 1 To n
        f = f * i
        s = s + f
    Next i
    Print s
End Sub
```

程序运行后，单击窗体，输出的结果是（　）。

A. 32　　B. 33　　C. 34　　D. 35

分析：第一次循环 *s* 为 1，第二次循环 *s* 为 3，第三次 *s* 为 9，第四次 *s* 为 33。 答案：B。

四、实训拓展训练

【6-8】 字符加密问题：在加密/解密技术中，加密前的信息叫做“明文”，加密之后的信息叫做“密文”。

要求如下。

（1）加密规则：将明文每个字母的 ASCII 码加（或减）一个序数 K（密钥），则该字母被其后面的第 K 个字母代替。例如，明文 Welcome 在以 5 为密钥加密时，密文为 bjqhtrj。

（2）创建如图 6-5 所示窗体，窗体中有四个标签（名称分别为 Label1、Label2、Label3、Label4，标题分别为“明文”、“密钥（0~26）”、“密文”、空）、两个文本框（名称分别为 Text1 和 Text2，Text 属性均为空）、一个命令按钮（名称为 Command1，标题为“字符加密”）。按要求输入内容后，单击“字符加密”命令按钮对明文进行加密，并将结果显示在“密文”对应的标签中。

图 6-5 运行结果

分析：

（1）给一个字符 A 加密的过程（密钥为 k）可通过公式 A = Chr(Asc(A) + k)来完成。

（2）给一个字符串加密需结合使用循环依次将每一个字符进行加密。

五、思考练习

【6-9】 求 $1+2+4+8+16+32+\cdots+2^n$（n 需要通过输入对话框输入）。

【6-10】 求 m=20，n=8 的最大公约数。

【6-11】 输出如图 6-6 所示图形，要求用单层循环实现。

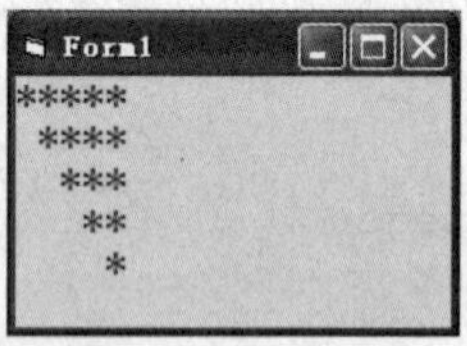

图 6-6 运行结果

实验实训七　循环结构二

一、实验实训目标

（1）掌握终止循环结构的语句。

（2）掌握多层循环嵌套。

（3）掌握常用算法的设计策略。

二、相关知识点

（1）终止循环结构：Exit For、Exit Do。

（2）多层循环嵌套结构。

（3）常用算法：贪心法、动态规划法、回溯法等。

三、基本技能实验

1. 专项练习

【7-1】 补全程序。在Form1窗体中创建一个命令按钮，实现输出100~200的第一个能被15整除的整数的功能，程序运行结果如图7-1所示。

要求如下。

（1）当用户单击命令按钮时，窗体上输出100~200的第一个能被15整除的整数。

（2）程序不完整，请把它补充完整，并能正确运行。

图7-1　运行结果

实训分析：本题主要考查计数循环结构For…Next和Exit　For、Exit　Do的应用。

实训操作步骤如下。

（1）建立新的工程文件。

（2）创建界面：一个命令按钮。

（3）设置属性，如表7-1所示。

表7-1　对象的属性设置

对象	属性名	设定属性值
Command1	Caption	计算

（4）补全代码。

```
Private Sub Command1_Click()
    Dim x%
    For x = 100 To 200
        If x Mod 15 = 0 Then
           Print x
           ______________
        End If
    Next x
```

```
End Sub
```

想一想：请使用 Do While…Loop 结构实现上述功能，下面的程序不完整，请把它补充完整，并能正确运行。

```
Private Sub Command1_Click()
    Dim x%
    x = 100
    Do While x <= 200
        If x Mod 15 = 0 Then
          Print x
          _____________
        End If
      _____________
    Loop
End Sub
```

【7-2】 补全程序。在 Form1 窗体中创建一个命令按钮，实现对输入任意大于 3 的正整数，判断其是否是素数（只能被 1 和自身整除的数）的功能，输入三次的运行结果如图 7-2 所示。

要求如下。

（1）当用户单击“计算”命令按钮时，弹出输入对话框，输入要进行判断的正整数。

（2）当用户单击输入对话框的“确定”命令按钮后在窗体上显示判断结果。

（3）程序不完整，请把它补充完整，并能正确运行。

实训分析：本题主要考查循环结构 Do While…Loop 和 Exit For、Exit Do 的应用。

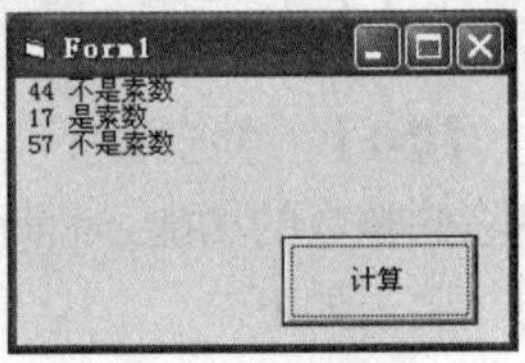

图 7-2 运行结果

实训操作步骤如下。

（1）建立新的工程文件。

（2）创建界面：一个命令按钮。

（3）设置属性，如表 7-2 所示。

表 7-2 对象的属性设置

对象	属性名	设定属性值
Command1	Caption	计算

（4）补全代码。

```
Private Sub Command1_Click()
    Dim n%, I%, k%
    n = Val(InputBox("输入一个大于 3 的正整数"))
    I = 2
    k = Int(n / 2)
    Do While I <= k
        If _______ Then
          ________
        Else
            I = I + 1
        End If
    Loop
    If I > k Then Print n; "是素数" Else Print n; "不是素数"
End Sub
```

想一想：请使用For…Next结构实现上述功能，下面的程序不完整，请把它补充完整，并能正确运行。

```
Private Sub Command1_Click()
    Dim n%, I%, k%
    n = Val(InputBox("输入一个大于 3 的正整数"))
    I = 2
    k = Int(n / 2)
    For I = 2 To k
        If __________Then __________
    Next I
    If I > k Then Print n; "是素数" Else Print n; "不是素数"
End Sub
```

【7-3】 补全程序。我国古代数学家在《算经》中出了一道题：“鸡翁一，值钱五；鸡母一，值钱三；鸡雏三，值钱一。百钱买百鸡，问鸡翁、鸡母、鸡雏各几何？”也就是说，小鸡一元三只，母鸡三元一只，公鸡五元一只，用 100 元钱要买 100 只鸡，有几种买法？

要求如下。

（1）单击窗体时，显示各种买法。运行结果如图 7-3 所示。

（2）程序不完整，请把它补充完整，并能正确运行。

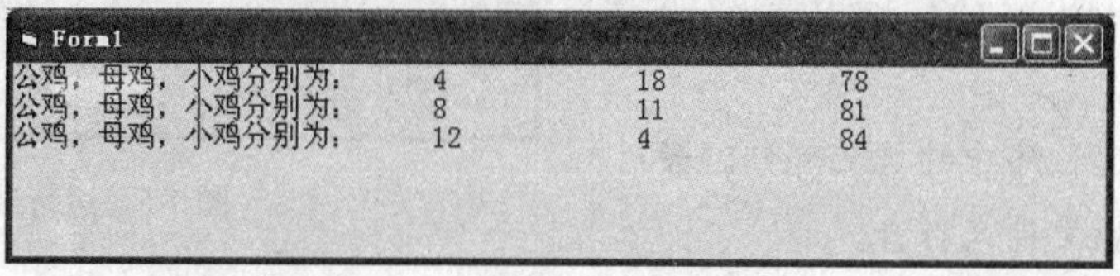

图 7-3　运行结果

实训分析：本题主要考查二重循环结构的应用。

实训操作步骤如下。

（1）建立新的工程文件。

（2）创建界面：空窗体。

（3）设置属性，如表 7-3 所示。

表 7-3　对象的属性设置

对象	属性名	设定属性值
Form1	Font	四号

（4）补全代码。

```
Private Sub Form_Click()
Dim x%, y%, z%          'x为公鸡数目，y为母鸡数目，z为小鸡数目
For x = 1 To ______
    For y = 1 To ______
        z = 100 - x - y
            If x*5+y*3+z*1/3=100 Then
                Print "公鸡，母鸡，小鸡分别为：", x, y, z
            End If
    Next y
Next x
```

```
End Sub
```

2. 测试练习

【7-4】 在"实验实训七\测试练习\"文件夹中有一个工程文件 7-4.vbp，运行结果如图 7-4 所示，文件中给出了 Form_Click 事件过程，但不完整，请把它补充完整，并能正确运行。

要求如下。

（1）当用户单击窗体时显示如图 7-4 所示的运行结果。

（2）去掉程序中的注释符，把程序中的"？"改为正确的内容。

注意：不能修改程序中的其他部分，最后把修改后的文件按原文件名存盘。

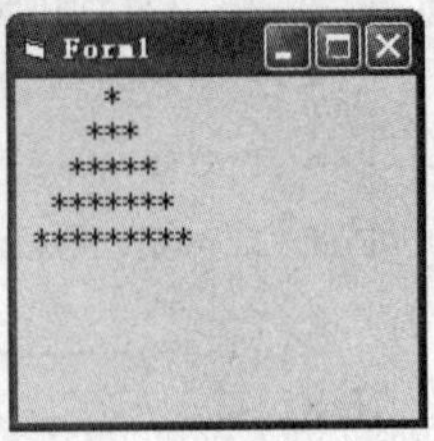

图 7-4 运行结果

【7-5】 在"实验实训七\测试练习\"文件夹中有一个工程文件 7-5.vbp，实现输出九九乘法表的功能，运行结果如图 7-5 所示。文件中给出了 Form_Click 事件过程，但不完整，请把它补充完整，并能正确运行。

要求如下。

（1）当用户单击窗体时显示九九乘法表，运行结果如图 7-5 所示。

（2）去掉程序中的注释符，把程序中的"?"改为正确的内容。

注意：不能修改程序中的其他部分。最后把修改后的文件按原文件名存盘。

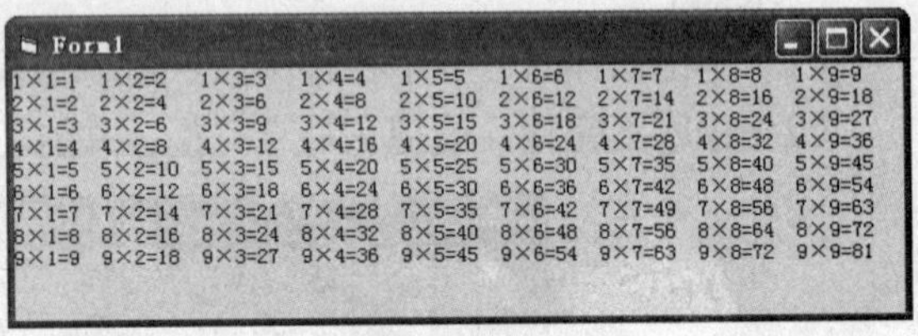

图 7-5 运行结果

【7-6】 2011 年 3 月真题一（27）。

设有如下程序。

```
Private  Sub  Command1_Click()
x=10:y=0
For i=1 To 5
    Do
    x=x-2
    y=y+2
    Loop Until y>5 Or x<-1
Next
End Sub
```

运行程序，其中 Do 循环执行的次数是( )。

A. 15　　B. 10　　C. 7　　D. 3

分析：本题考查的知识点是 Do…Loop Until 语句，无论初始条件是否满足都至少执行一次循环体，当条件满足时跳出循环。答案：C。

【7-7】 2011 年 9 月真题一（22）。

阅读下面的程序段。

```
a = 0
For i = 1 To 3
    For j = 1 To i
```

```
        For k = j To 3
            a = a + 1
        Next k
    Next j
Next i
```

执行上面的程序段后，*a* 的值为(　)。

A. 3　　B. 9　　C. 14　　D. 21

分析：考点是第二层循环 For *j* = 1 To *i* 终值是变量 *i*，第三层循环 For *k* = *j* To 3 初值是变量 *j*，这两层循环的次数是变化的。答案：C。

四、实训拓展训练

【7-8】 创建一个应用程序用来整理英文文章，即句首字母大写（句子以“? ”、“!”和“.”结束），其他字母小写。在窗体上创建一个具有垂直滚动条并多行显示的文本框（名称为 Text1，内容为空）和一个命令按钮（名称为 Command1，标题为“整理文章（英文）”），单击该命令按钮实现题目要求，运行结果如图 7-6 所示。

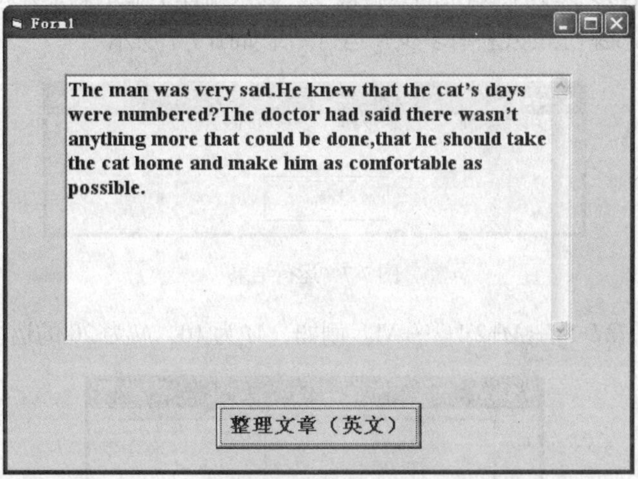

图 7-6　运行结果

分析：

（1）句子是否结束可以设置一个变量 flag 作为标记。如果前一个字符为题目中句子的结束符，则 flag=1，否则 flag=0。

（2）改变字母大小写通过 UCase 和 LCase 两个函数来完成。

（3）“整理文章（英文）”命令按钮的单击事件过程代码如下。

```
Private Sub Command1_Click()
    l1 = Len(Text1.Text)
    flag = 1                          'flag 表示字符状态的标记,“1”为语句结束标记
    For i = 1 To l1
        If flag = 1 Then              '根据 flag 标记状态判断字符大小写
            stri = UCase(Mid(Text1.Text, i, 1))
        Else
            stri = LCase(Mid(Text1.Text, i, 1))
```

```
        End If
        If stri ="?" Or stri ="." Or stri ="!" Or stri =""Then      '判断是否语句结束
            flag = 1
        Else
            flag = 0
        End If
        strt = strt + stri
    Next i
    Text1.Text = strt
End Sub
```

五、思考练习

【7-9】 取一元、两元、五元的硬币共十枚，凑成 35 元钱，有多少种不同的取法?

【7-10】 在 Form1 窗体中创建一个命令按钮（名称为 Command1，标题为“计算”），实现将一根长度为 427m 的钢材料，截取成两种规格长度分别为 17m 和 27m 的短料，每种至少 1 段，问分割成 17m 和 27m 各多少段后，剩余的残料最少？要求窗体上显示剩余残料最少时，17m 和 27m 的短料各分成多少段及剩余的残料有多少？运行结果如图 7-7 所示。

图 7-7　运行结果

【7-11】 求 $M!+(M+1)!+(M+2)!+\cdots+N!$。例如，$M$ 为 10，N 为 20 的运行结果如图 7-8 所示。

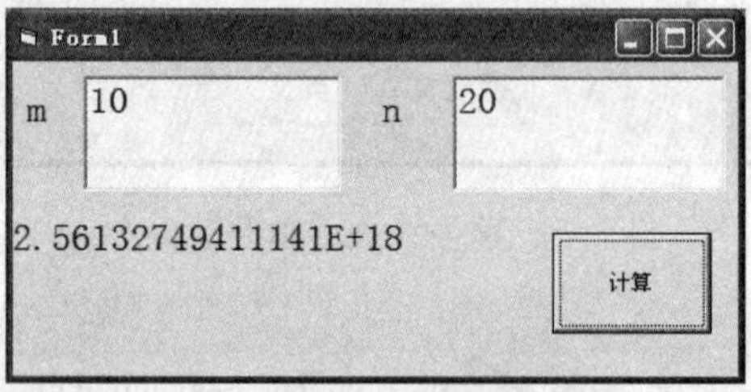

图 7-8　运行结果

实验实训八　数　　组

一、实验实训目标

（1）掌握数组的概念。

（2）掌握静态数组、动态数组的定义及应用。

（3）理解多维数组的概念。

（4）了解评价算法的性能指标。

二、相关知识点

（1）数组的定义。

（2）静态数组。

（3）动态数组。

（4）多维数组的概念。

（5）数组的应用：数组的清除，数组元素的输入、输出和复制，数组的初始化，数组元素的插入及删除。

（6）评价算法的性能指标：正确性、可读性、健壮性、时间复杂度、空间复杂度。

三、基本技能实验

1. 专项练习

【8-1】 补全程序。在 Form1 窗体中创建一个命令按钮和两个标签，用户输入 10 个学生的成绩后计算平均分，并且统计有多少学生的分数高于平均分。

要求如下。

（1）当用户单击“计算平均分及高于平均分的人数”命令按钮时，出现输入对话框，连续输入每个学生的分数，最后将平均分和高于平均分的人数显示在对应的标签中，运行结果如图 8-1 所示。

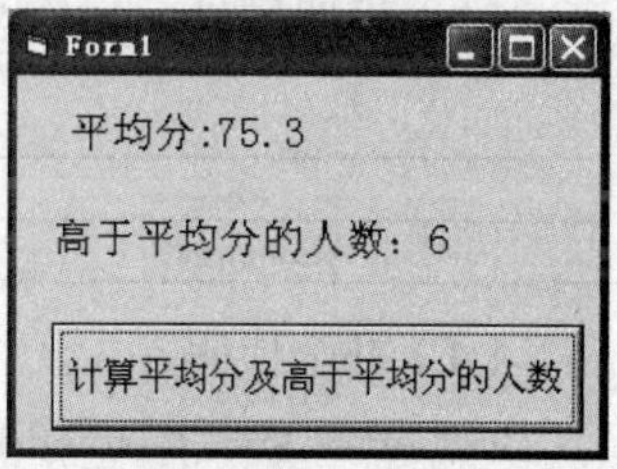

图 8-1　运行结果

（2）程序不完整，请把它补充完整，并能正确运行。

实训分析：本题主要考查静态数组、动态数组的定义及基本应用。

实训操作步骤如下。

（1）建立新的工程文件。

（2）创建界面：一个命令按钮和两个标签。

（3）设置属性，如表 8-1 所示。

表 8-1　对象的属性设置

对象	属性名	设定属性值
Label1	Caption	（空）
	Font	宋体、四号字
Label2	Caption	（空）
	Font	宋体、四号字
Command1	Caption	计算平均分及高于平均分的人数

（4）补全代码。

```
Private Sub Command1_Click()
Dim score(1 To 10) As Single, s!, m%, aver! , i%, j%
    For i = __________
        score(i) = __________
        s = s + score(i)
    Next i
aver = s / 10
Label1.Caption = "平均分:" & aver
    For j = 1 To 10
        If __________ Then
            m = m + 1
        End If
        Label2.Caption = "高于平均分的人数: " & m
    Next j
End Sub
```

想一想：如果学生人数不是固定的，那么用动态数组如何改写该程序？

【8-2】 补全程序。在Form1窗体中创建一个命令按钮，求*A*(1 to 10)数组中最大的数组元素。程序运行结果如图8-2所示。

要求如下。

（1）当用户单击“最大值”命令按钮时，弹出输入对话框，请用户连续输入*A*(1 to 10)每个数组元素的值，比较后将*A*(1 to 10)数组中最大的元素值显示在窗体中。

（2）程序不完整，请把它补充完整，并能正确运行。

图8-2 运行结果

实训分析：本题主要考查静态数组最值的求法，首先假设*A*(1)为最大元素。

实训操作步骤如下。

（1）建立新的工程文件。

（2）创建界面：一个命令按钮。

（3）设置属性，如表8-2所示。

表8-2 对象的属性设置

对象	属性名	设定属性值
Command1	Caption	最大值

（4）补全代码。

```
Private Sub Command1_Click()
    Dim Max As Integer, i%
    Dim A(1 To 10) As Single
    For i = 1 To 10
        A(i) = __________
    Next i
    Max =__________
    For i = 2 To 10
        If __________Then
            Max = A(i)
        End If
    Next i
```

```
    Print "最大的元素"; Max
End Sub
```

【8-3】 补全程序。编程实现一维数组元素位置交换。

要求如下。

（1）当用户单击 Form1 窗体时，从键盘连续输入 10 个整数（使用输入对话框），将其存入一个一维数组中，然后将前五个元素与后五个元素交换，即第一个与第十个交换，第二个与第九个交换……并分别将交换前和交换后的数组按行输出在窗体上，运行结果如图 8-3 所示。

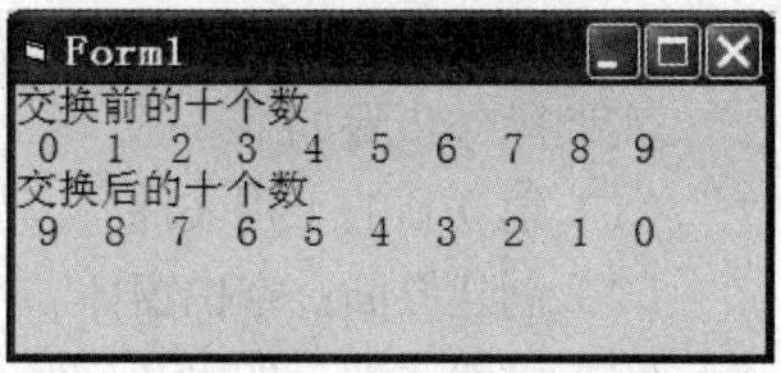

图 8-3　运行结果

（2）窗体上使用宋体、四号字输出。

（3）程序不完整，请把它补充完整，并能正确运行。

实训分析：本题主要考查一维数组中循环结构的应用。

实训操作步骤如下。

（1）建立新的工程文件。

（2）创建界面：一个空白窗体。

（3）设置属性，如表 8-3 所示。

表 8-3　对象的属性设置

对象	属性名	设定属性值
Form1	Font	宋体、四号字

（4）补全代码。

```
Private Sub Form_Click()
    Dim A(10) As Integer
    Dim i As Integer
    Dim n As Integer
    For i = 1 To 10
        A(i) =____________
    Next i
    Print "交换前的十个数"
    For i = 1 To 10
        Print A(i);
    Next i
    ____________
    For i = 1 To 5
        ____________
        ____________
        ____________
    Next i
    Print "交换后的十个数"
    For i = 1 To 10
        Print A(i);
    Next i
End Sub
```

【8-4】 修改程序。编写程序实现五名候选人选票的统计。

要求如下。

（1）当用户单击窗体时，首先弹出投票人人数输入对话框，请用户输入将要投票的人数。

（2）弹出选举投票输入对话框，用户依次输入所选的候选人编号（1~5）。

（3）统计所有投票人所选候选人的票数，将统计结果显示在窗体上，运行结果如图 8-4 所示。

（4）找出并修改程序中的错误代码。

实训分析：本题主要考查静态数组的应用。

实训操作步骤如下。

（1）建立新的工程文件。

（2）创建界面：空白窗体。

（3）设置属性，如表 8-4 所示。

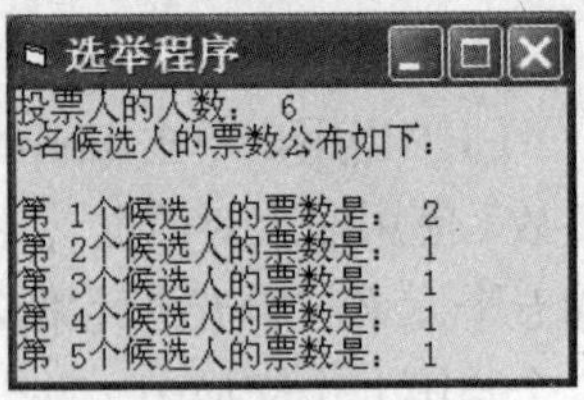

图 8-4 运行结果

表 8-4 对象的属性设置

对象	属性名	设定属性值
Form1	Caption	选举程序

（4）错误代码。

```
Private Sub Form_Click()
    Dim N%, R%, m%
    Dim P(1 To 5) As Integer
    R = Val(InputBox("请输入投票人的人数", "投票人人数", 0))
    m = 0
    Print "投票人的人数："; R
    Print "5 名候选人的票数公布如下："
    Print
    For i = 1 To 5
        N = Val(InputBox("请输入候选人的选号(1-5)", "选举投票"))
        P(N) = P(N) + 1                              '统计各候选人的选票
    Next i
    For N = 1 To 5
        Print "第" & Str(N) & "个候选人的票数是："; P(N)
    Next N
End Sub
```

2. 测试练习

【8-5】 在“实验实训八\测试练习\”文件夹中有一个工程文件 8-5.vbp，其功能是产生 20 个 0 ~ 1000 的随机整数，并将这 20 个整数放入一个数组中，然后输出这 20 个整数中大于 500 的所有整数之和。窗体中有一个命令按钮（名称为 Command1，标题为“输出大于 500 的整数之和”）。文件中已经给出了全部控件和程序，但程序不完整，请把它补充完整，并能正确运行。

要求如下。

（1）当用户单击命令按钮时，输出这 20 个整数中大于 500 的所有整数之和，显示图 8-5 所示的运行结果。

（2）去掉程序中的注释符，把程序中的“？”改为正确的内容。

注意：不得修改已经存在的内容和控件属性，最后将修改后的文件按原文件名存盘。

图 8-5 运行结果

【8-6】 修改程序。以下程序将随机产生 *n* 个两位整数，并使用冒泡法将它们按递增顺序排序后输出。窗体上有一个命令按钮（名称为 Command1，标题为“冒泡排序”）。

要求如下。

（1）当用户单击“冒泡排序”命令按钮时，首先弹出输入数据个数对话框，请用户输入要排序整数的个数，确定后将随机产生并且排好顺序的数据显示在窗体上。例如，输入数据个数为 6 时的运行结果如图 8-6 所示。

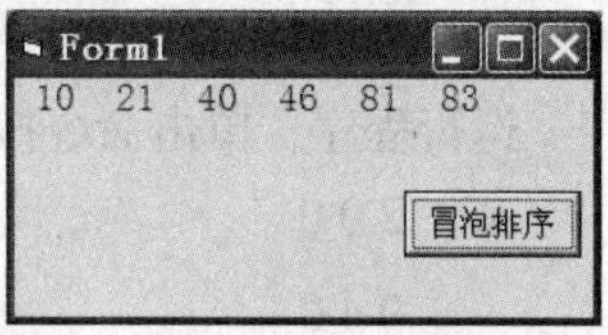

图 8-6　运行结果

（2）找出并修改程序中的错误代码。

错误代码如下。

```
Option Base 1
Private Sub Command1_Click()
    Dim a( ) As Integer
    Dim i As Integer, j As Integer
    Randomize
    n = InputBox("输入数据个数")
    ReDim a(n)
    For i = 1 To n
        a(i) = Int(Rnd * 90) + 10
    Next i
    For i = 1 To n - 1
        For j = 1 To n - i
           If a(j) < a(j - 1) Then
              temp = a(j): a(j) = a(j - 1): a(j - 1) = temp
           End If
        Next j
    Next i
    For i = 1 To n
        Print a(i);
    Next i
End Sub
```

分析：用二重循环实现冒泡排序的过程。外循环变量设为 *i*，内循环变量设为 *j*。*n* 个数需要进行排序，则外循环重复 *n*-1 次，内循环依次重复 *n*-1，*n*-2，…，1 次。每次进行比较的两个元素都是与内循环 *j* 有关的，它们可以分别用 *a*(*j*)和 *a*(*j*-1)标识，*i* 的值依次为 1，2，…，*n*-1。在每一个 *i* 的循环中，*j* 的值依次为 *n*，*n*-1，…，*i*+1。所以应将 For *j* = 1 To *n*-*i* 修改为 For *j*=*n* to *i*+1 Step -1。

【8-7】　2009 年 9 月真题一（24）。

在窗体上添加 1 个命令按钮，并编写如下事件过程。

```
Private Sub Command1_Click()
    Dim a(3, 3)
    For m = 1 To 3
        For n = 1 To 3
        If n = m Or n = 4 - m Then
            a(m, n) = m + n
        Else
            a(m, n) = 0
        End If
        Print a(m, n);
        Next n
        Print
```

```
    Next m
End Sub
```

运行程序，单击命令按钮，窗体上显示的内容为（　）。

A. 2 0 0	B. 2 0 4	C. 2 3 0	D. 2 0 0
0 4 0	0 4 0	3 4 0	0 4 5
0 0 6	4 0 6	0 0 6	0 5 6

分析：利用二重循环对 $a(m, n)$ 进行赋值。当 $n=m$ 或 $n=4-m$ 时 $a(m, n) = m + n$，即 $a(1, 1)$，$a(2, 2)$，$a(3, 3)$，$a(1, 3)$，$a(2, 2)$，$a(3, 1)$ 符合该条件，否则 $a(m, n) =0$，其他元素值均为 0。答案：B。

四、实训拓展训练

【8-8】　在 Form1 窗体中按要求输出矩阵。

要求如下。

（1）当用户单击 Form1 窗体时，输出如图 8-7 所示矩阵，字体格式为宋体、小三号。

（2）当用户单击 Form1 窗体时，若输出如图 8-8 所示下三角矩阵，程序又应该如何修改？

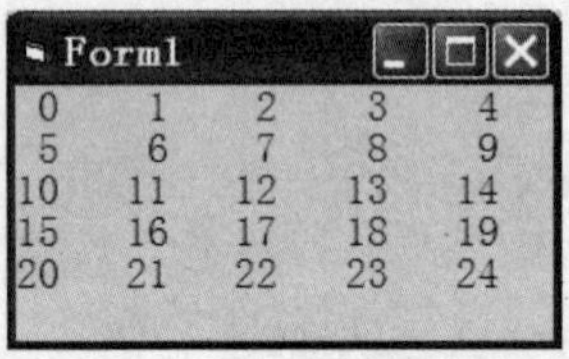

图 8-7　运行结果 1

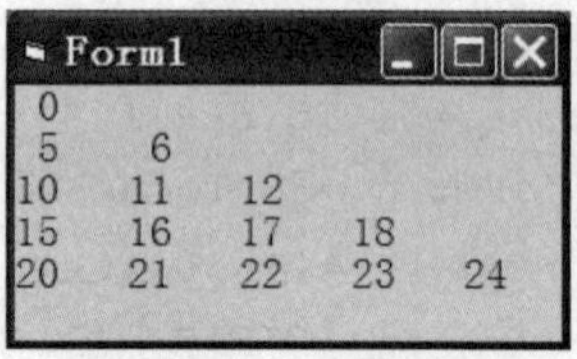

图 8-8　运行结果 2

分析：本题主要考查二维数组双重循环结构的应用。

```
Private Sub Form_click()
Dim a(4, 4) As Single
    For i = 0 To 4
        For j = 0 To 4
            a(i, j) = i * 5 + j
            Print Format(a(i, j), "@@");" ";  '利用 Format 函数来输出两位的数字格式
        Next j
        Print                                 ' 换行
    Next i
End Sub
```

想一想：如果输出下三角矩阵，程序又应该如何修改？

五、思考练习

【8-9】　随机产生 10 个 100 以内的正整数，将其中所有的奇数输出到窗体上。

【8-10】　随机产生一个 $M \times N$ 的二维数组（数组元素的值为随机产生的 100 以内的两位正整数）。求该数组中所有元素值的平均值，并将大于平均值的数组元素在一行输出。

【8-11】　通过输入对话框输入并输出 10 个字符串，找出其中字符串长度最大的并将其输出。

实验实训九　过　　程

一、实验实训目标

（1）掌握 Function 过程定义和调用的方法。

（2）掌握 Sub 过程定义和调用的方法。

（3）理解过程的参数传递。

（4）掌握递归的基本应用。

（5）掌握算法的分析方法。

二、相关知识点

（1）Function 过程的定义和调用。

定义函数过程的语法格式如下。

```
[Private|Public][Static]Function 函数过程名 ([形参列表]) [As 类型]
    局部变量或常数定义
    <语句块>
    [Exit Function]
    函数名=返回值
End Function
```

调用函数过程的语法格式如下。

```
函数过程名([实参列表])
```

（2）Sub 过程的定义和调用。

定义子过程的语法格式如下。

```
[Private|Public][Static]Sub 子过程名 (形参列表)
    局部变量或常数定义
    <语句块>
    [Exit Sub]
End Sub
```

调用子过程有两种方法。

语法格式 1 如下。

```
Call 子过程名 ([实参列表])
```

语法格式 2 如下。

```
子过程名 [实参列表]
```

（3）过程的参数传递：按值传递、按地址传递。

（4）递归的基本应用。

（5）算法分析的两个阶段：事前分析、事后测试。

三、基本技能实验

1. 专项练习

【9-1】 补全程序。在 Form1 窗体中创建四个标签、四个文本框和一个命令按钮，编程计算柱形（四棱柱）的表面积，运行结果如图 9-1 所示。

要求如下。

（1）用户首先在文本框中依次输入长、宽、高的值，当用户单击“计算表面积”命令按钮时，计算四棱柱表面积，并将结果显示在“表面积”文本框中。

（2）分别使用子过程和函数过程两种方法实现程序功能。

（3）程序不完整，请把它补充完整，并能正确运行。

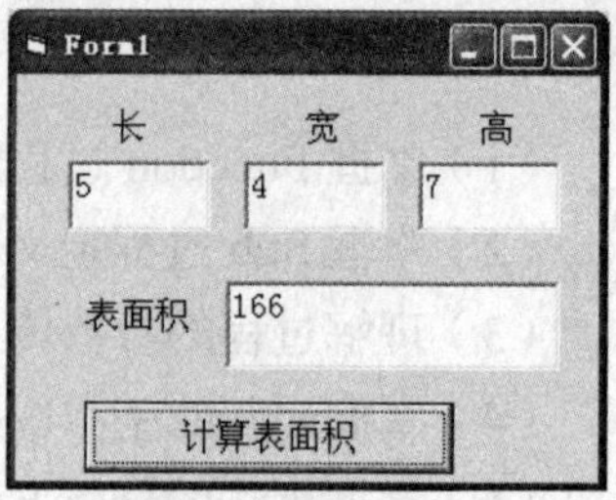

图 9-1 运行结果

实训分析：本题主要考查子过程和函数过程的应用。

实训操作步骤如下。

（1）建立新的工程文件。

（2）创建界面：四个标签、一个命令按钮、四个文本框。

（3）设置属性，如表 9-1 所示。

表 9-1 对象的属性设置

对象	属性名	设定属性值
Label1	Caption	长
Label2	Caption	宽
Label3	Caption	高
Label4	Caption	表面积
Label1~Label4，Text1~Text4	Font	宋体、三号字
Text1	Text	（空）
Text2	Text	（空）
Text3	Text	（空）
Text4	Text	（空）
Command1	Caption	计算表面积

（4）补全代码。

```
Public Sub area(x!, y!, t!)
    __________
End Sub
Private Sub command1_click()
    Dim a!, b!, c!, t1!, t2!, t3!
    a = Text1.Text
    b = Text2.Text
    c = Text3.Text
    Call area(__________)
    Call area(a, c, t2)
    Call area(b, c, t3)
    Text4 = __________
End Sub
```

想一想：请使用函数过程实现上述功能。

【9-2】 补全程序。在 Form1 窗体中创建三个标签、两个文本框和一个命令按钮，编程实现公式 $C_M^N = M!/[(M-N)!N!]$ 的计算，运行结果如图 9-2 所示。

要求如下。

(1)用户首先在文本框中分别输入 M 和 N 的值，当用户单击“计算”命令按钮时，计算 $C_M^N = M!/[(M-N)!N!]$，并将结果显示在 Label3 中。

(2)程序不完整，请把它补充完整，并能正确运行。

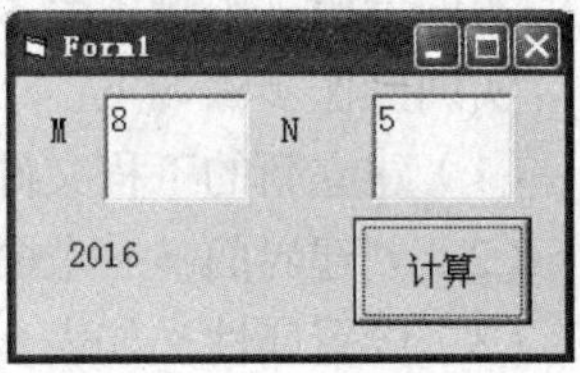

图 9-2 运行结果

实训分析：本题主要考查函数过程的应用。

实训操作步骤如下。

(1)建立新的工程文件。

(2)创建界面：三个标签、一个命令按钮、两个文本框。

(3)设置属性，如表 9-2 所示。

表 9-2 对象的属性设置

对象	属性名	设定属性值
Label1	Caption	M
	Font	宋体、四号字
Label2	Caption	N.
	Font	宋体、四号字
Label3	Caption	(空)
Text1	Text	(空)
Text2	Text	(空)
Command1	Caption	计算

(4)补全代码。

```
Private Sub Command1_Click()
    Dim m%, n%, s#
    m = ____________
    n = ____________
    s = 0
    s = cheng(m) /____________)
    Label3.Caption = s
End Sub
Function cheng(x!) As Single
    Dim i%
    cheng = 1
    For i = 1 To x
    ____________
    Next i
End Function
```

【9-3】 修改程序。在 Form1 窗体中创建一个命令按钮，编写程序求一个数的所有因子及因子个数。

要求如下。

(1)当用户单击“输入整数”命令按钮时，弹出一个输入对话框并输入一个整数。确认后在窗体上显示此整数的所有不同因子和因子个数。图 9-3 所示为输入 100 后的运行结果。

（2）使用函数过程方法实现程序功能。

（3）找出并修改程序中的错误代码。

实训分析：本题主要考查函数过程的应用。

实训操作步骤如下。

（1）建立新的工程文件。

（2）创建界面：一个命令按钮。

（3）设置属性，如表 9-3 所示。

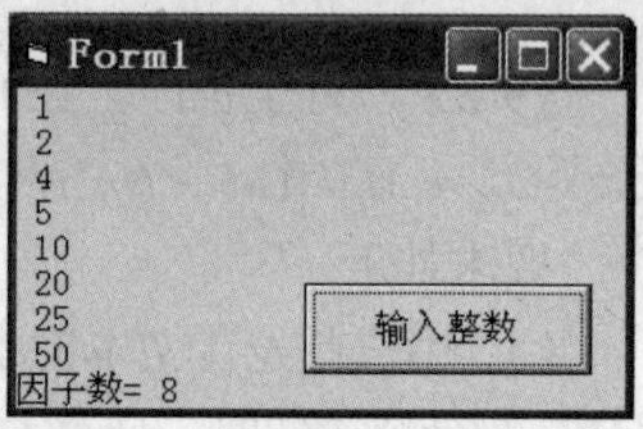

图 9-3　输入 100 的运行结果

表 9-3　对象的属性设置

对象	属性名	设定属性值
Command1	Caption	输入整数

（4）错误代码。

```
Function yinzi(b As Integer)
    Dim s As Integer, i As Integer
    s = 0
    For i = 1 To Abs(b) / 2
        If b /i = 0 Then
            s = s + 1
            Print i
        End If
    Next i
    yinzi = s
End Function
Private Sub Command1_Click()
    Dim a As Integer
    Cls
    a = InputBox("请输入一个整数")
    Print "因子数="; yinzi
End Sub
```

2. 测试练习

【9-4】　在“实验实训九\测试练习\”文件夹中有一个工程文件 9-4.vbp，在 Form1 窗体中创建四个标签（名称分别为 Label1、Label2、Label3、Label4，标题分别为“X”、“Y”、“最大公约数为”、空）、两个文本框（名称分别为 Text1、Text2，Text 属性均为空，宋体、四号字）、一个命令按钮（名称为 Command1，标题为“计算”），编程实现求最大公约数的功能，运行结果如图 9-4 所示。

要求如下。

（1）当用户在“X”和“Y”文本框中输入两个整数并单击“计算”命令按钮时，会将计算得到的结果显示在“最大公约数”文本框中。

（2）去掉程序中的注释符，把程序中的“?”改为正确的内容，使之正确运行。

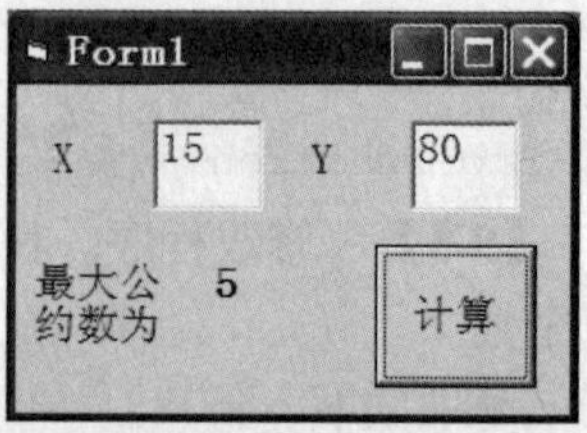

图 9-4　运行结果

注意：不能修改程序中的其他部分，最后把修改后的文件按原文件名存盘。

【9-5】 在“实验实训九\测试练习\”文件夹中有一个工程文件 9-5.vbp，其窗体中有一个文本框（名称为 Text1，Text 属性为空）和一个命令按钮（名称为 Command1，标题为“偶数平方和”），窗体界面如图 9-5 所示。编写程序实现计算出 0~100 范围内所有偶数的平方和的功能。文件中已经给出了全部控件和程序，但程序不完整，请把它补充完整，并能正确运行。

要求如下。

（1）用户单击“偶数平方和”命令按钮，则计算出 0~100 范围内所有偶数的平方和，并在文本框中显示出来。

（2）在 Function Fun 和 End Function 之间填写若干语句，完成上述功能。

图 9-5 窗体界面

注意：不能修改程序中的其他部分，最后把修改后的文件按原文件名存盘。

【9-6】 2011 年 9 月真题一（29）。

阅读以下程序。

```
Function fac(ByVal n As Integer) As Integer
    Dim temp As Integer
    temp = 1
    For i% = 1 To n
        temp = temp * i%
    Next i%
    fac = temp
End Function
Private Sub Form_Click()
    Dim nsum As Integer
    nsum = 1
    For i% = 2 To 4
        nsum = nsum + fac(i%)
    Next i%
    Print nsum
End Sub
```

程序运行后，单击窗体，输出结果是（ ）。

A. 35　　B. 31　　C. 33　　D. 37

分析：本题中函数过程 fac 的功能是计算 $n!$。窗体单击事件过程通过调用 fac 函数求得 nusm=1+2!+3!+4!。答案：C。

【9-7】 2012 年 3 月真题一（34）。

在窗体上添加两个名称分别为 Text1、Text2 的文本框，一个名称为 Label1 的标签，窗体外观如图 9-6 所示。要求当改变任一文本框的内容时，就会将该文本框的内容显示在标签中，如图 9-7 所示。实现上述功能的程序如下。

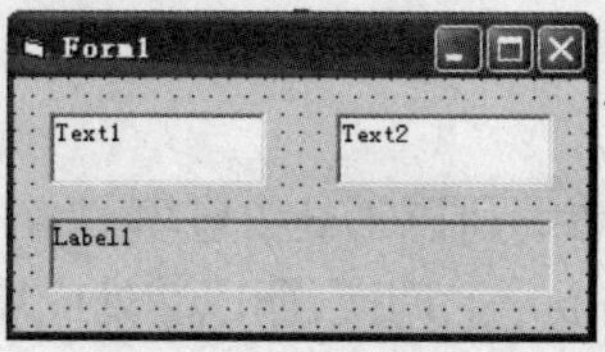

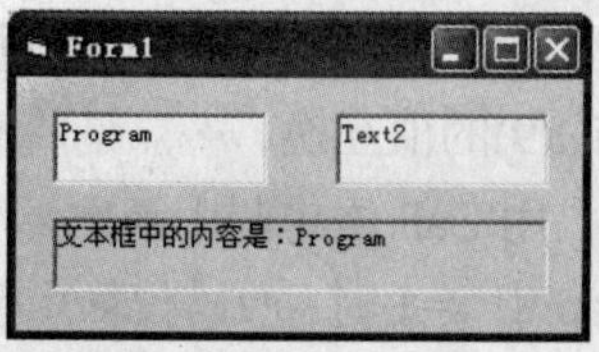

图 9-6 窗体界面 图 9-7 运行结果

```
Private Sub Text1_Change()
    Call ShowText(Text1)
End Sub
Private Sub Text2_Change()
    Call ShowText(Text2)
End Sub
Private Sub ShowText(T As TextBox)
    Label1.Caption = "文本框中的内容是：" & T.Text
End Sub
```

关于上述程序，以下叙述中错误的是（ ）。

A. ShowText 过程的参数类型可以是 Control

B. ShowText 过程的参数类型可以是 Variant

C. 两个过程调用语句有错，应分别改为 Call ShowText(Text1.Text)、Call howText(Text2.Text)

D. ShowText 过程中的 *T* 是控件变量

分析：由于 Text1 等价于 Text1.Text，所以 C 选项描述是错误的。答案：C。

【9-8】 2010 年 3 月真题二（9）。

在窗体上添加一个名称为 Command1 的命令按钮，然后编写如下程序。

```
Option Base 1
Private Sub Command1_Click()
    Dim a(10) As Integer
    For i = 1 To 10
        a(i) = i
    Next
    Call swap ____①____
    For i = 1 To 10
        Print a(i);
    Next
End Sub
Sub swap(b() As Integer)
    n = UBound(b)
    For i = 1 To n / 2
        t = b(i)
        b(i) = b(n)
        b(n) = t
        ____②____
    Next
End Sub
```

上述程序的功能是，通过调用过程 swap 调换数组中数值的存放位置，即 *a*(1)与 *a*(10)的值互换，*a*(2)与 *a*(9)的值互换，…。请将程序补充完整。

分析： 用 Call 语句调用函数 swap 时，必须提供一个形参，所以①处中应填写 *a*()或 *a*；自定义函数 swap 中，*i*=1 时，*b*(1)与 *b*(*n*)调换；*i*=2 时，应该是 *b*(2)与 *b*(*n*−1)调换，所以②处应填写 *n*=*n*−1。答案：①*a*()或 *a*；②*n*=*n*−1。

四、实训拓展训练

【9-9】 编写一个程序，计算 $s=\frac{x^3}{1!}+\frac{x^5}{2!}+\cdots+\frac{x^{(2n+1)}}{n!}$，结果保留两位小数。

要求如下。

（1）利用函数过程或子过程编程实现计算 s 的值。

（2）用户单击窗体时先后弹出两个输入对话框，依次用来接收 x 和 n 的值，单击“确定”按钮后将结果输出在窗体上。

提示：注意函数过程或子过程定义格式与调用格式的区别。

【9-10】 编写一个程序，实现在以升序排列的一维数组 $a(n)$ 中插入一个整数 x 后仍然按升序排列。窗体上只包含一个命令按钮（名称为 Command1，标题为“数组中插入元素”）。

要求如下。

（1）数组 $a(n)$ 中所有数组元素值为 Rnd 函数生成的 100 以内的随机正整数，n 和 x 的值通过输入对话框输入。当 $n=5$，$x=45$ 时，运行结果如图 9-8 所示。

（2）编写三个过程实现题目功能：数组输出过程 prt、数组排序过程 sort 和插入元素过程 insert。

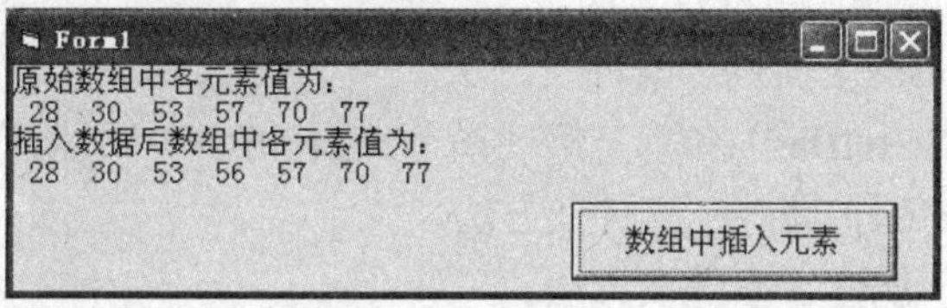

图 9-8　运行结果

提示：该程序中需要两次输出数组中各元素的值，因此使用过程来编写是非常合适的。

五、思考练习

【9-11】 现有两个高度相同的圆柱体，已知两个圆柱的半径分别为 r1、r2，高度为 h，利用函数过程求两个圆柱侧面积的差（圆柱侧面积计算公式为 $s=2\pi r h$）。

【9-12】 输入 x、y、z（使用输入对话框），计算 $s=(x!+y!+z!)/[(1+2+\cdots+x)+(1+2+\cdots+y)+(1+2+\cdots+z)]$。

【9-13】 将实验实训五的实训拓展训练中的“石头、剪刀、布”问题利用函数过程或子过程来实现。

【9-14】 已知边长分别为 a、b、c 的三个正方体，使用函数过程或子过程求三个正方体体积之和。

实验实训十　常用控件二

一、实验实训目标

（1）掌握复选框、单选按钮、列表框、组合框、滚动条、图片框、图像框、定时器等常用控件的属性、事件及方法。

（2）掌握多个控件综合性的应用。

（3）了解软件工程的概念及生存周期。

二、相关知识点

（1）复选框（CheckBox）属性、事件及方法。

（2）单选按钮(OptionButton)属性、事件及方法。

（3）框架（Frame）属性。

（4）列表框(ListBox)属性、事件及方法。

（5）组合框（ComboBox）属性、事件及方法。

（6）水平滚动条（HScrollBar）和垂直滚动条（VScrollBar）属性、事件及方法。

（7）图片框（PictureBox）属性、事件及方法。

（8）图像框（Image）属性、事件及方法。

（9）定时器（Timer）属性、事件及方法。

（10）软件的生命周期可分为三个阶段：软件定义、软件开发、运行与维护。

三、基本技能实验

1. 专项练习

【10-1】　补全程序。在 Form1 窗体中创建三个框架、一个文本框、六个单选按钮和三个复选框，编程实现对文本框中文字的字体、字号、颜色的设置，窗体界面如图 10-1 所示。

要求如下。

（1）用户选中不同的字体、字号、颜色单选按钮或复选框时，文本框中的文字随之变化。

（2）程序不完整，请把它补充完整，并能正确运行。

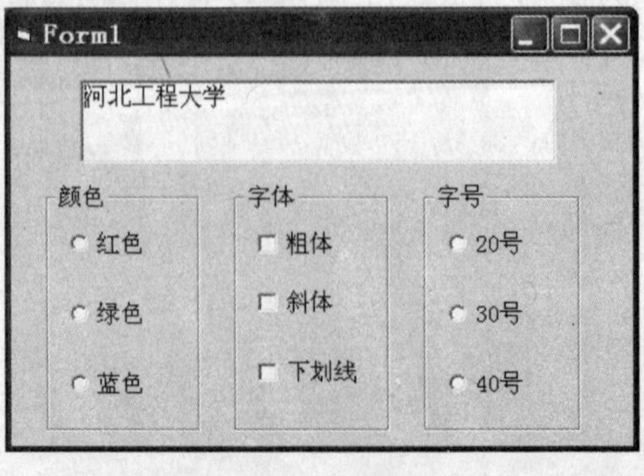

图 10-1　窗体界面

实训分析：本题主要考查单选按钮、复选框、框架的应用。

实训操作步骤如下。

（1）建立新的工程文件。

（2）创建界面：三个框架、一个文本框、六个单选按钮、三个复选框。

（3）设置属性，如表 10-1 所示。

表 10-1　对象的属性设置

对象	属性名	设定属性值
Frame1	Caption	颜色
Frame2	Caption	字体
Frame3	Caption	字号
Option1	Caption	红色
Option2	Caption	绿色
Option3	Caption	蓝色
Option4	Caption	20 号
Option5	Caption	30 号
Option6	Caption	40 号
Check1	Caption	粗体
Check2	Caption	斜体
Check3	Caption	下划线
Text1	Text	河北工程大学
	Font	宋体、小三号字

（4）补全代码。

```
Private Sub Check1_Click()
    If Check1.Value = 1 Then
        ________________
    Else
        ________________
    End If
End Sub
Private Sub Check2_Click()
    If Check2.Value = 1 Then
        Text1.FontItalic = True
    Else
        Text1.FontItalic = False
    End If
End Sub
Private Sub Check3_Click()
    If Check3.Value = 1 Then
        Text1.FontUnderline = True
    Else
        Text1.FontUnderline = False
    End If
End Sub
Private Sub option1_Click()
    ________________
```

```
End Sub
Private Sub option2_Click()
    Text1.ForeColor = vbGreen
End Sub
Private Sub option3_Click()
    Text1.ForeColor = vbBlue
End Sub
Private Sub Option4_Click()
    ________________
End Sub
Private Sub Option5_Click()
    Text1.FontSize = 30
End Sub
Private Sub Option6_Click()
    Text1.FontSize = 40
End Sub
```

【10-2】 补全程序。在 Form1 窗体中创建两个命令按钮、三个水平滚动条、三个标签和两个文本框，编程实现用水平滚动条配色后，改变“颜色改变”文本框中的前景颜色与背景颜色，程序运行结果如图 10-2 所示。

要求如下。

（1）用户分别拖动“红”、“绿”、“蓝”水平滚动条时，右下方文本框的背景颜色会随之发生变化。

（2）当用户单击“前景颜色”命令按钮时，将右下方文本框的背景颜色应用到“颜色改变”文本框中的文字上。

（3）当用户单击“背景颜色”命令按钮时，将配色后文本框 Text1 背景色应用到文本框 Text2 背景上。

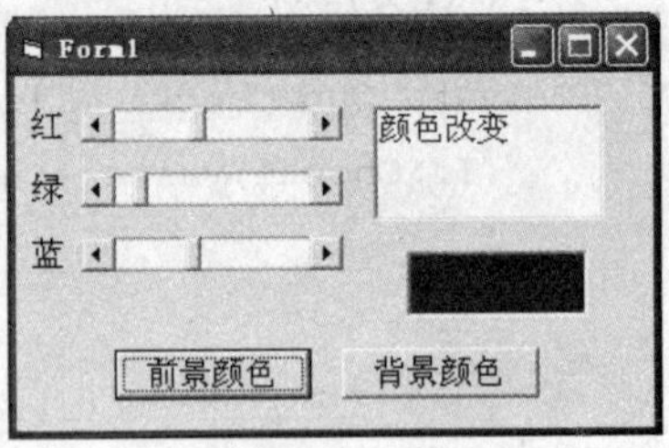

图 10-2 运行结果

（4）程序不完整，请把它补充完整，并能正确运行。

实训分析：本题主要考查滚动条控件和颜色函数的应用。

实训操作步骤如下。

（1）建立新的工程文件。

（2）创建界面：两个文本框、两个命令按钮、三个水平滚动条、三个标签。

（3）设置属性，如表 10-2 所示。

表 10-2 对象的属性设置

对象	属性名	设定属性值
Text1	Text	（空）
Text2	Text	颜色改变
	Font	宋体、加粗、小三号字
Command1	Caption	背景颜色
Command2	Caption	前景颜色
HScroll1	Max	255
HScroll2	Max	255
HScroll3	Max	255
Label1	Caption	红
Label2	Caption	绿
Label3	Caption	蓝

（4）补全代码。

```
Dim Red%, Green%, Blue%                      '模块级变量定义
Private Sub Command1_Click()
    Text2.BackColor = ____________
End Sub
Private Sub Command2_Click()
    Text2.ForeColor = Text1.BackColor
End Sub
Private Sub HScroll1_Change()
    Red = HScroll1.Value
    Text1.BackColor = RGB(____________)
End Sub
Private Sub HScroll2_Change()
    Green = ___________
    Text1.BackColor = RGB(Red, Green, Blue)
End Sub
Private Sub HScroll3_Change()
    Blue = HScroll3.Value
    Text1.BackColor = RGB(Red, Green, Blue)
End Sub
```

想一想：如果没有第一条用来进行模块级变量定义的语句，结果会怎么样?

【10-3】 补全程序。在 Form1 窗体中创建一个标签、两个组合框，编程设置标签文字字体、字号，运行结果如图 10-3 所示。

要求如下。

（1）窗体加载时，两个组合框加载 List 内容。

（2）当用户选择“字体”组合框中的选项，如“黑体”时，标签文字字体设置为黑体。

（3）当用户选择“字号”组合框中的选项，如“18”时，标签文字字号设置为 18。

（4）程序不完整，请把它补充完整，并能正确运行。

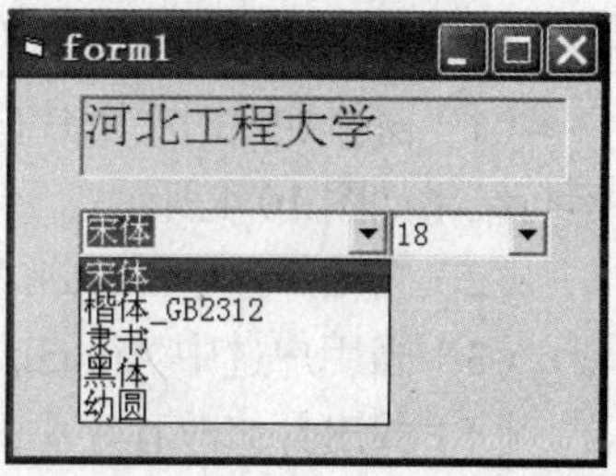

图 10-3　运行结果

实训分析：本题主要考查组合框的基本属性和方法的应用。

实训操作步骤如下。

（1）建立新的工程文件。

（2）创建界面：一个标签、两个组合框。

（3）设置属性，如表 10-3 所示。

表 10-3　对象的属性设置

对象	属性名	设定属性值
Combo1	Style	0（下拉式组合框）
	List	（空）
Combo2	Style	0（下拉式组合框）
	List	（空）
Label1	Caption	河北工程大学
	Font	宋体、二号字

（4）补全代码。

```
Private Sub Form_Load()
    Combo1.AddItem "宋体", 0
    Combo1.AddItem "楷体_GB2312", 1
    Combo1.AddItem "隶书", 2
    Combo1.AddItem "黑体", 3
    Combo1.AddItem "幼圆", 4
    Combo1.ListIndex = 0
    Combo2.AddItem 16, 0
    Combo2.AddItem 18, 1
    Combo2.AddItem 20, 2
    Combo2.AddItem 24, 3
    Combo2.AddItem 28, 4
    Combo2.ListIndex = 0
End Sub
Private Sub Combo1_Click()
    ____________________
End Sub
Private Sub Combo2_Click()
    ____________________
End Sub
```

【10-4】 修改程序。在 Form1 窗体中创建一个图片框、一个图像框和两个复选框，编程实现对图片框边框大小的调整及图像框中图片大小的调整。

要求如下。

（1）窗体加载时，图片框（左）和图像框（右）中均加载图片“实验实训十\专项练习\6.gif”，运行结果如图 10-4 所示。

（2）当用户选中 Stretch 复选框时，图像框中的图片随之变化，运行结果如图 10-5 所示。

（3）当用户选中 AutoSize 复选框时，图片框的边框随之变化。

（4）找出并修改程序中的错误代码。

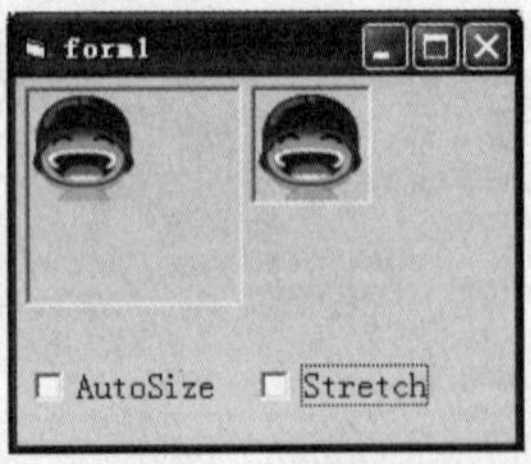

图 10-4　运行结果 1

图 10-5　运行结果 2

实训分析：本题主要考查图片框 PictureBox 和图像框 Image 基本属性、方法的应用。

实训操作步骤如下。

（1）建立新的工程文件。

（2）创建界面：一个图片框、一个图像框、两个复选框。

（3）设置属性，如表 10-4 所示。

表 10-4　对象的属性设置

对象	属性名	设定属性值
Image1	Height	1500 缇
	Width	1500 缇
Picture1	Height	1500 缇
	Width	1500 缇
Check1	Caption	AutoSize
Check2	Caption	Stretch

（4）错误代码。

```
Private Sub Check1_Click()
    Picture1.Height = 1500
    Picture1.Width = 1500
    Picture1. Stretch = Check1.Value
End Sub
Private Sub Check2_Click()
    Image1.Height = 1500
    Image1.Width = 1500
    Image1. AutoSize = Check2.Value
End Sub
Private Sub Form_Load()
    Picture1.Picture = LoadPicture(App.Path & "\6.gif")
    Image1.Picture = Picture1.Picture
End Sub
```

分析：图片框和图像框自动调整大小的属性设置是本题的重点。

【10-5】　补全程序。在 Form1 窗体中创建两个文本框、三个命令按钮、三个标签和一个定时器，编程实现对系统时间和日期进行设置的功能。

要求如下。

（1）窗体加载时，两个文本框中自动显示当前系统时间和日期，运行结果如图 10-6 所示。

（2）当用户单击“修改系统日期”命令按钮时，弹出输入对话框，运行结果如图 10-7 所示。要求用户输入新的系统日期，确定后更新系统日期并显示在“系统日期”文本框中。

（3）当用户单击“修改系统时间”命令按钮时，弹出相应的输入对话框，要求用户输入新的系统时间，确定后更新系统时间并显示在“系统时间”文本框中。

（4）当用户单击“退出”命令按钮时，结束程序。

（5）程序不完整，请把它补充完整，并能正确运行。

图 10-6　运行结果

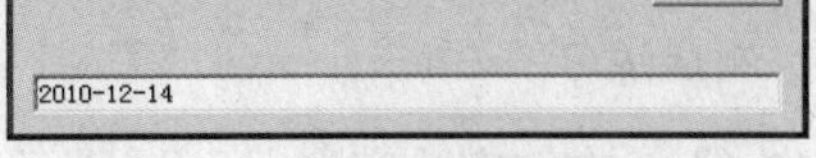

图 10-7　“修改系统日期”输入对话框

实训分析：本题主要考查定时器控件基本属性、方法的应用。

实训操作步骤如下。

（1）建立新的工程文件。

（2）创建界面：两个文本框、三个命令按钮、三个标签、一个定时器。

（3）设置属性，如表 10-5 所示。

表 10-5　对象的属性设置

对象	属性名	设定属性值
Text1	Text	（空）
Text2	Text	（空）
Command1	Caption	修改系统日期
Command2	Caption	修改系统时间
Command3	Caption	退出
Label1	Caption	设置系统时钟
	Font	宋体、三号字
Label2	Caption	系统日期
Label3	Caption	系统时间
Timer1	Interval	1000

（4）补全代码。

```
Private Sub Command1_Click()
    ____________________
    ____________________
    ____________________
    ____________________
    ____________________
    ____________________
End Sub
Private Sub Command2_Click()
    Dim a As String
    a = InputBox("请输入新的系统日期：(hh-mm-ss)", "修改系统时间")
    If a <> "" Then
        Time = CDate(a)
        MsgBox "新的系统时间为：" + Str(Time)
    End If
End Sub
Private Sub Command3_Click()
    End
End Sub
Private Sub Timer1_Timer()
    ________________
    ________________
End Sub
```

2. 测试练习

【10-6】 在“实验实训十\测试练习\”文件夹中有一个工程文件 10-6.vbp，窗体上有一个单选按钮数组（名称分别为 Option1(0)、Option1(1)、Option1(2)，标题分别为“火车”、“飞机”、“汽车”）、一个文本框（名称为 Text1，Text 属性为空），编程实现用户选择不同的交通工具并在文本

框中显示出来，运行结果如图 10-8 所示。文件中已经给出了全部控件和程序，但程序不完整，请把它补充完整，并能正确运行。

要求如下。

（1）当用户单击不同的交通工具时，在文本框中显示“我坐飞机去”、“我坐火车去”或“我坐汽车去”。

（2）去掉程序中的注释符，把程序中的“?”改为正确的内容，使之正确运行。

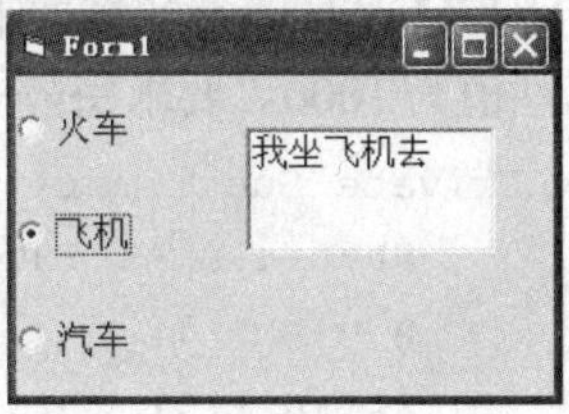

图 10-8　运行结果

注意：不能修改程序中的其他部分，最后把修改后的文件按原文件名存盘。

【10-7】　在“实验实训十\测试练习\”文件夹中有一个工程文件 10-7.vbp，其窗体上有一个列表框（名称为 List1，List 属性为空），如图 10-9 所示。编程实现窗体的 Mouse_Down 事件过程。文件中已经给出了全部控件和程序，但程序不完整，请把它补充完整，并能正确运行。

要求如下。

（1）单击窗体，弹出输入对话框，输入要添加到列表框中的项目（内容任意，不少于三个），运行结果如图 10-9 所示。

（2）右击窗体，弹出输入对话框，输入要删除的项目并将其从列表框中删除。

（3）去掉程序中的注释符，把程序中的“?”改为正确的内容，使之正确运行。

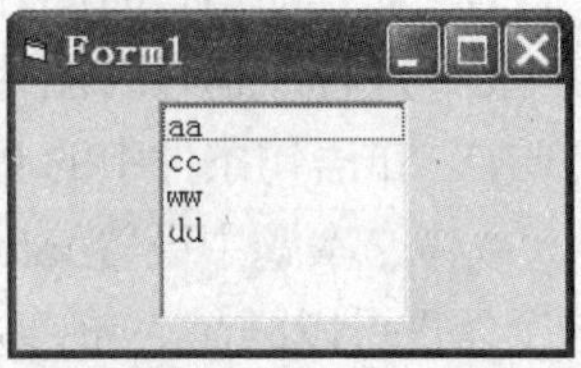

图 10-9　运行结果

注意：不能修改程序中的其他部分，最后把修改后的文件按原文件名存盘。

【10-8】　2012 年 3 月真题二（8）。

窗体上有 List1、List2 两个列表框，程序运行时，在两个列表框中分别选中 1 个项目，如图 10-10 所示，单击名称为 Command1 的“交换”按钮，则把选中的项目互换，互换后的位置不限，如图 10-11 所示。下面的程序可实现这一功能，请补充完整。

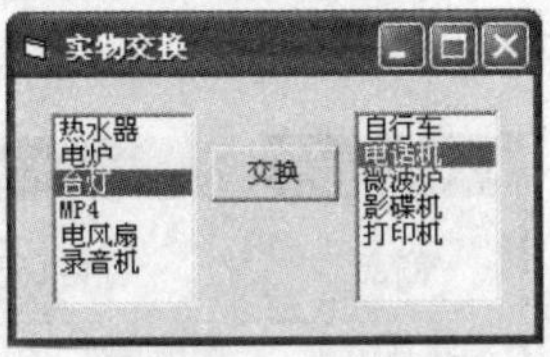

图 10-10　交换前

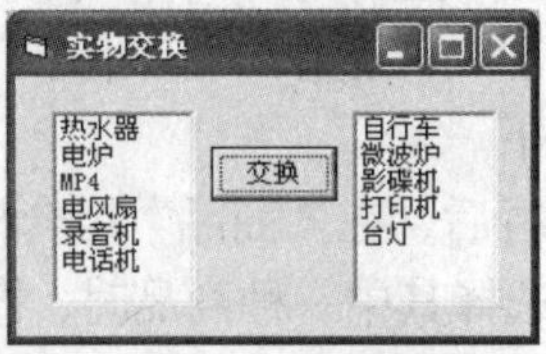

图 10-11　交换后

```
Private Sub Command1_Click()
   If List1.Text = "" Or List2.Text = "" Then
      MsgBox "请选择交换的物品！"
   Else
      List1.AddItem List2.Text
      List2.RemoveItem ____①____
      ____②____
      List1.RemoveItem List1.ListIndex
   End If
End Sub
```

分析：在双分支条件选择结构中，Else 后的分支是要将选中的项目进行互换，List1.AddItem List2.Text 是将 List2 中选中的内容添加到 List1 中，所以①处应填写 List2.ListIndex 使得可以从 List2 中移除所选中项，后面两句类似。

答案：①List2.ListIndex；②List2.AddItem List1.Text。

【10-9】 2012 年 9 月真题一（31）。

窗体上有一个名称为 Picture1 的图片框控件和一个名称为 Timer1 的计时器控件，其 Interval 属性值为 1000。要求每隔 5s 图片框右移 100 缇，现编写程序如下。

```
Private Sub Timer1_Timer()
    Static n As Integer
    n = n + 1
    If (n / 5) = Int(n / 5) And Picture1.Left < Form1.Width Then
        Picture1.Left = Picture1.Left + 100
    End If
End Sub
```

分析以上程序，以下叙述正确的是（　）。

A. 程序中没有设置 5s 的时间，所以不能每隔 5s 移动图片框一次

B. 此程序运行时图片框位置保持不动

C. 此程序运行时图片框移动方向与题目要求相反

D. If 语句条件中的 Picture1.Left < Form1.Width 用于限制图片框移动的范围

分析：本题中设置 Interval 属性值为 1000，所以时间间隔为 1s，在程序中通过$(n/5)=\text{Int}(n/5)$这个条件可以满足 5s 的时间间隔，所以 A 项错误；由于程序中 If 语句中的条件是可以满足的，也就是说，Picture1.Left = Picture1.Left + 100 是可以被执行的，所以 B 项错误；Left 属性值越大，位置越靠右，所以 C 项错误。答案：D。

四、实训拓展训练

【10-10】 在窗体上创建五个标签（名称分别为 Label1、Label2、Label3、Label4 和 Label5，标题分别为“商品”、“价格（元）”、“数量”、空和“购物清单”，其中 Label4 具有边框）、一个组合框（名称为 Combo1，内容为空）、一个文本框（名称为 Text1，内容为空）、一个列表框（名称为 List1，内容为空）和三个命令按钮（名称分别为 Command1、Command2 和 Command3，标题分别为“添加”、“删除”和“付款”），运行结果如图 10-12 所示。

要求如下。

（1）运行后，在“商品”组合框中显示若干商品名称。

（2）当选择其中一种商品时，将其对应价格显示在“价格（元）”标签中。

（3）在“数量”文本框中输入数值，并单击“添加”命令按钮，则会在“购物清单”列表框中显示相应内容，运行结果如图 10-12 所示。

（4）在“购物清单”列表框中选择一项，并单击“删除”命令按钮，则将所选内容从“购物清单”列表框中删除。

（5）单击“付款”命令按钮，弹出消息对话框并显示“购物清单”所有选项的金额总计。

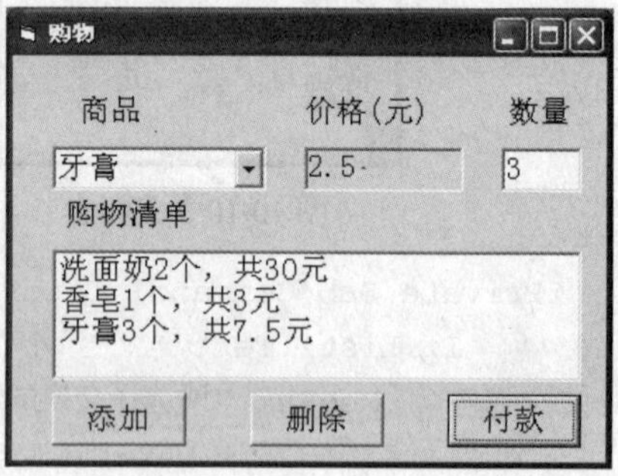

图 10-12　运行结果

提示：

（1）运行后在“商品”组合框中显示所有商品名称，并且在选择某一商品时将其价格显示在“价格（元）”标签中。所以商品和价格要有一一对应关系。因此可以使用两个大小相同的数组并且下标一一对应（如 *a*(0)代表一个商品，*b*(0)代表该商品的价格）。

商品和价格在该程序中不止一次被使用且其内容可随需要改变，所以需要将数组定义成模块级动态数组。

（2）“付款”命令按钮单击事件代码如下。

```
Private Sub Command3_Click()
    Dim c As String, d As String, e As Single, L As Integer
    Dim i As Integer, j As Integer
    For i = 0 To List1.ListCount - 1        '在组合框中从上到下选择每一项
      d = List1.List(i)
      L = Len(d)
      For j = 1 To L                         '在列表框的所有选项中取价钱
         c = Mid(d, j, 1)
         If c = "," Then
            e = Mid(d, j + 2, L - j - 2)
            Exit For
         End If
      Next j
      s = s + Val(e)
    Next i
    v = MsgBox("这次购物金额为：" & s, vbOKCancel, "请确认付款")
End Sub
```

【10-11】 VB 中定时器控件 Timer 的 Interval 属性值最大可为 64767，即时间间隔最大可以达到 64.767s，编程实现长时间的定时（时间可自定）。

要求如下。

（1）在窗体上创建五个标签（名称分别为 Label1、Label2、Label3、Label4、Label5，标题分别为“请定时（分钟）”、“开始时间”、“结束时间”、空、空，其中内容为空的两个标签均有边框）、一个文本框（名称为 Text1，内容为空）、一个命令按钮（名称为 Command1，标题为“确认”）和一个定时器控件（名称为 Timer1）。

（2）程序运行后，用户在文本框中输入一个整数（表示定时的分钟数），单击“确认”命令按钮后，“开始时间”标签中显示开始时的系统时间。

（3）当经过用户输入的时间后，在“结束时间”标签中显示结束时的系统时间，同时弹出一个提示内容为“时间到”的消息框，如图 10-13 所示。

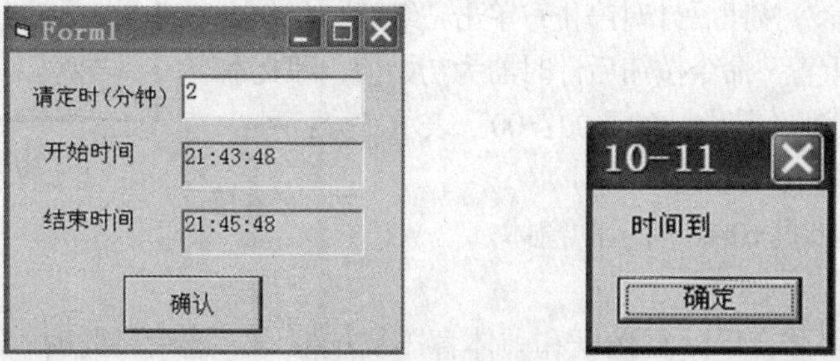

图 10-13　运行结果

提示：

（1）该程序中，当用户单击“确认”命令按钮后，定时器才开始工作，所以需要先在设计状态将其 Enabled 属性设置为 False。

（2）设置时间大于65s的定时器，需要先将定时器控件Timer1的Interval属性设置为60000，即其触发Timer事件的时间间隔为1min。然后通过在Timer事件中使用条件语句选择性地执行操作即可。

【10-12】 在Form1窗体中创建五个标签（名称分别为Label1~Label5，标题分别为“简单英汉词典”、“中文”、“英文”、“中文单词”、“英文单词”）、两个文本框（名称为Text1、Text2，内容为空）、五个命令按钮（名称分别为Command1~Command 5，标题分别为“中->英”、“中<-英”、“添加”、“删除”、“初始化”）、两个列表框(名称分别为List1、List2，List属性均为空)，编程实现英汉词典的简单功能。

要求如下。

（1）窗体加载时，两个列表框加载内容如图10-14所示。

（2）当用户选中“中文”列表框中的某个单词（如“计算机”）后，单击“中->英”命令按钮后，“英文”列表框中会自动选中相应的单词computer。相反，当用户选中“英文”列表框中的某个单词（如computer）后，单击“中<-英”命令按钮时，“中文”列表框中会自动选中相应的单词“计算机”。

（3）当用户在两个文本框分别输入中文和英文，单击“添加”命令按钮后，自动在两个列表框中加载内容。

（4）当用户选中“中文”或“英文”列表框中的某一项，单击“删除”命令按钮后，该项及其对应项同时从两个列表框中删除。

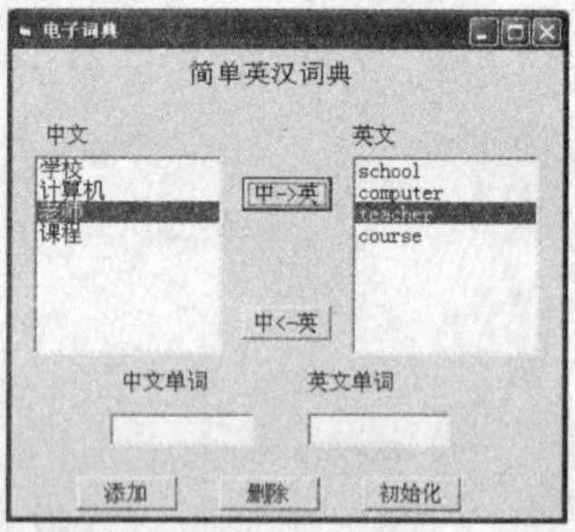

图10-14 运行结果

（5）当用户单击“初始化”命令按钮后，两个列表框中所有内容清空。

提示：

在该程序中，“中文”和“英文”列表框中的选项是一一对应的，单击“中->英”命令按钮和“中<-英”命令按钮就是将左右两边所选中的选项的索引设置成一致的。

```
Private Sub Command1_Click()
    List2.ListIndex = List1.ListIndex
End Sub
```

五、思考练习

【10-13】 制作一个电子秒表，单击“开始”命令按钮计时开始；单击“暂停”命令按钮后计时停止；单击“继续”命令按钮继续计时；单击“重置”命令按钮后计时器为初始值，即文本框中显示“00：00：00”（其中“00：00：00”表示“分：秒：毫秒”）。运行结果如图10-15所示。

图10-15 运行结果

【10-14】 创建如图10-16所示的窗体。

要求如下。

（1）程序运行后，“音乐”复选框和“体育”复选框均未选中，此时，两个框架中所有单选按钮均不可用。

（2）当用户选中“音乐”复选框或“体育”复选框时，则相应复选框下的单选按钮均可用。

（3）当用户从两个框架中分别选择其中一个并单击“选择”命令按钮后，则在“您的爱好是”标签中显示所选选项。运行结果如图10-17所示。

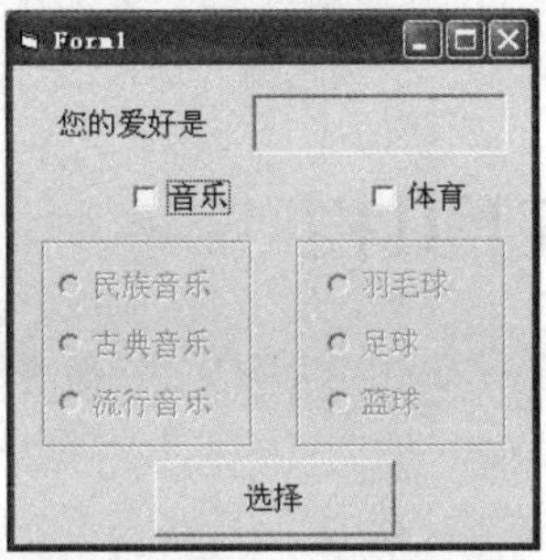

图 10-16　窗体界面

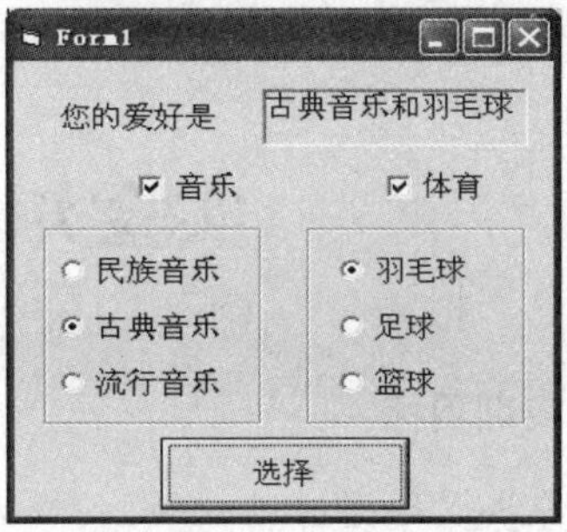

图 10-17　运行结果

【10-15】　创建如图 10-18 所示窗体。当用户在各个控件中按要求进行输入或选择后，单击“确定”命令按钮，则弹出如图 10-19 所示的消息框。

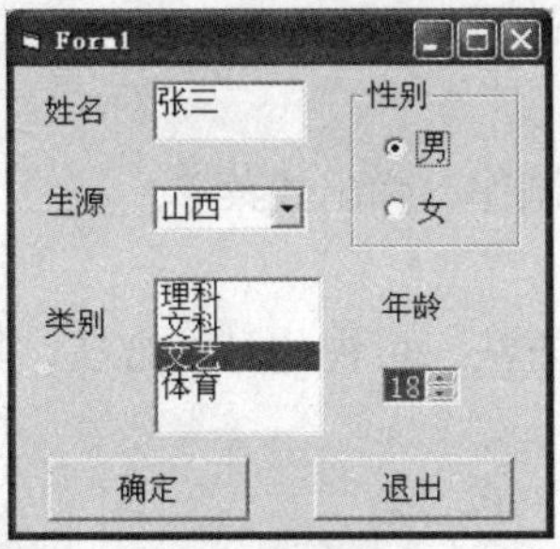

图 10-18　窗体界面

图 10-19　消息框

【10-16】　创建如图 10-20 所示窗体。

要求如下。

（1）用户在文本框中输入一个城市名称，当选中“添加”单选按钮并单击“确定”按钮后，将文本框中所填写的内容添加到列表框中；如果选中的是“删除”单选按钮，单击“确定”按钮后，则将列表框中与文本框内容相同的选项删除。

（2）当用户单击“清空”命令按钮后，将文本框内容清空。

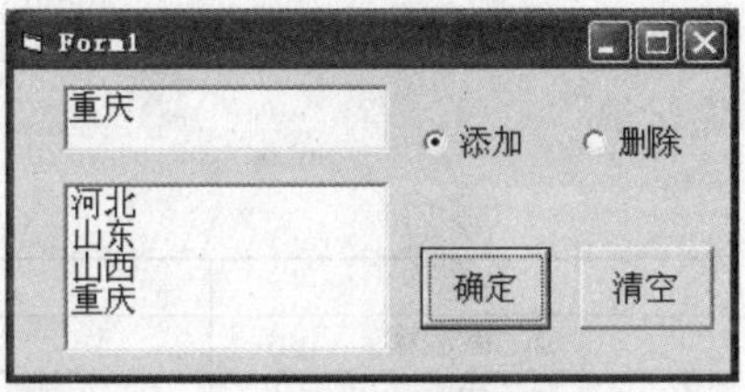

图 10-20　运行结果

【10-17】　创建如图 10-21 所示窗体。运行时，汽车图片（实验实训十\思考练习\car.bmp）静止；当拖动“速度”水平滚动条时，从左至右使得汽车的速度越来越快。

图 10-21　窗体界面

实验实训十一　菜单与工具栏

一、实验实训目标

（1）掌握菜单设计。

（2）掌握工具栏的创建方法。

（3）了解利用菜单和工具栏设计用户界面的方法。

（4）了解软件工程的方法。

二、相关知识点

（1）菜单设计：菜单的基本概念、菜单编辑器、菜单的制作、弹出式菜单。

（2）创建工具栏：ImageList 控件、ToolBar 控件。

（3）软件工程方法：结构化方法、面向对象的软件开发方法、可视化开发方法、集成计算机辅助软件工程、软件重用和组件连接。

三、基本技能实验

1. 专项练习

【11-1】 补全程序。在 Form1 窗体中创建四个标签、两个文本框和一个下拉式菜单，菜单编辑器设置如表 11-1 及图 11-1 所示。编程实现对输入文本框中的数据，利用菜单进行加、减、乘、除运算。

表 11-1　菜单编辑器设置

标题	名称	标题	名称
加、减运算	cal1	除	div
加	add	清除与退出	cal3
减	min	清除	clean
乘、除运算	cal2	退出	quit
乘	mul		

要求如下。

（1）当“第一个数”和“第二个数”对应的两个文本框中有一个内容为空时，菜单项“加”、“减”、“乘”、“除”均不可用。

（2）当用户在“第二个数”文本框中输入 0 时，菜单项“除”不可用，其他均可用。

（3）当用户在两个文本框中输入数值后，根据选择的菜单项进行计算且计算结果显示在“计算结果”标签中，运行结果如图 11-2 所示。

（4）当用户选中菜单项中的“清除”命令时，文本框和“计算结果”标签中的内容均被清空，“第一个数”文本框得到焦点；当用户选中菜单项中的“退出”命令时，退出程序。

（5）程序不完整，请把它补充完整，并能正确运行。

实训分析：本题主要考查下拉式菜单设计的应用。

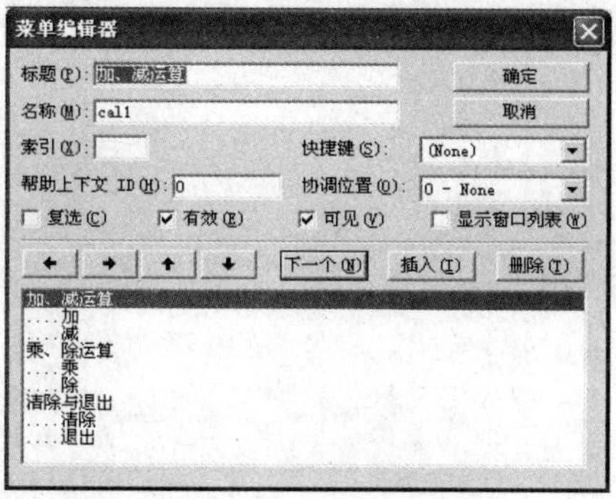

图 11-1　菜单编辑器设置

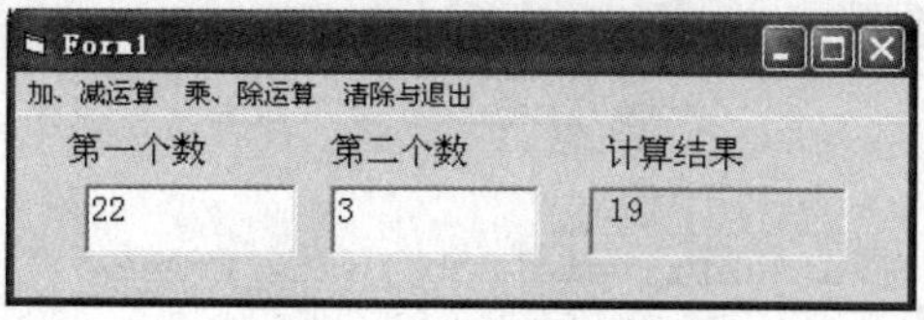

图 11-2　运行结果

实训操作步骤如下。

（1）建立新的工程文件。

（2）创建界面：四个标签、两个文本框、一个下拉式菜单。

（3）设置属性，如表 11-2 所示。

表 11-2　对象的属性设置

对象	属性名	设定属性值
Label1	Caption	第一个数
Label2	Caption	第二个数
Label3	Caption	计算结果
Label4	Caption	（空）
	BorderStyle	Fixed-Single
Text1	Text	（空）
Text2	Text	（空）

（4）补全代码。

```
Private Sub clean_Click()
    Text1.Text = ""
    Text2.Text = ""
    Label4.Caption = ""
    Text1.SetFocus
End Sub
Private Sub add_Click()
    x = ____________
    Label4.Caption = Str$(x)
End Sub
'减、乘、除事件过程省略
Private Sub Text1_Change()
    If ____________ Then
        add.Enabled = False
        min.Enabled = False
        mul.Enabled = False
        div.Enabled = False
    ElseIf Val(Text2.Text) = 0 Then
        ____________
        ____________
```

```
        ____________

        ____________
    Else
        add.Enabled = True
        min.Enabled = True
        mul.Enabled = True
        div.Enabled = True
    End If
End SubPrivate Sub Text2_Change()
    '与Text1_Change事件过程相似，省略
End Sub
```

【11-2】 补全程序。在Form1窗体中创建一个ImageList控件（插入“实验实训十一\专项练习\”文件夹中的“B.jpg”、“I. jpg”、“U. jpg”三个图片）、一个工具栏（ToolBar，插入三个按钮）和一个文本框，窗体界面如图11-3所示，程序通过工具栏上的工具按钮对文本框中的文字格式进行设置。

要求如下。

（1）当用户单击“粗体”工具按钮时，将文本框中的文字设为粗体，否则恢复非粗体格式。

（2）当用户单击“斜体”工具按钮时，将文本框中的文字设为斜体，否则恢复非斜体格式。

（3）当用户单击“下划线”工具按钮时，为文本框中的文字添加下划线，否则恢复非下划线格式。

（4）程序不完整，请把它补充完整，并能正确运行。

实训分析：本题主要考查工具栏与通用对话框的应用。

实训操作步骤如下。

（1）建立新的工程文件。

（2）创建界面：一个ImageList控件（插入三张图片）、一个工具栏（插入三个按钮）、一个文本框。

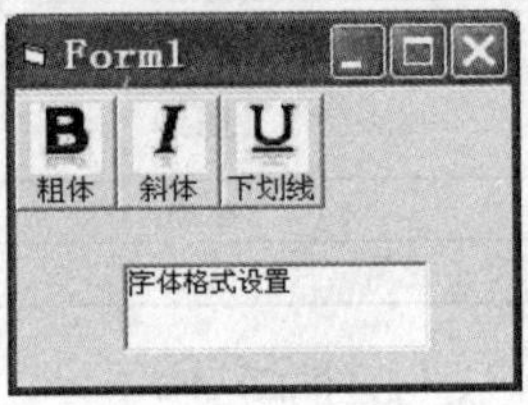

图11-3　窗体界面

（3）设置属性，如表11-3所示。

表11-3　对象的属性设置

对象	属性名	设定属性值
ImageList1中的图片	关键字	B
ImageList1中的图片	关键字	I
ImageList1中的图片	关键字	U
ToolBar1	图像列表	ImageList1
ToolBar1中的按钮1	标题	粗体
	关键字	B
	样式	1-tbrCheck
	图像	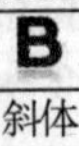
ToolBar1中的按钮2	标题	斜体
	关键字	I
	样式	1-tbrCheck
	图像	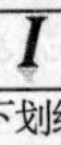
ToolBar1中的按钮3	标题	下划线
	关键字	U
	样式	1-tbrCheck
	图像	

（4）补全代码。

```
Private Sub Toolbar1_ButtonClick(ByVal Button As MSComctlLib.Button)
    If Toolbar1.Buttons("B").Value = tbrPressed Then
        ________________
    Else
        ________________
    End If
    If Toolbar1.Buttons("I").Value = tbrPressed Then
        ________________
    Else
        ________________
    End If
    If Toolbar1.Buttons("U").Value = tbrPressed Then
        ________________
    Else
        ________________
    End If
End Sub
```

【11-3】 补全程序。在Form1窗体中创建一个文本框和一个弹出式菜单，菜单编辑器设置如表11-4所示。程序利用弹出式菜单对文本框中的文字进行设置，运行结果如图11-4所示。

表 11-4 菜单编辑器设置

标题	名称
字体格式化	popformat
粗体	popbold
斜体	popitalic
下划线	popunder
20	font20
隶书	fontls
退出	popquit

要求如下。

（1）当用户右击窗体空白处时，弹出快捷菜单对文本框中文字的字号、字体、字形分别进行设置。

（2）程序不完整，请把它补充完整，并能正确运行。

图 11-4 运行结果

实训分析：本题主要考查弹出式菜单设计的应用。

实训操作步骤如下。

（1）建立新的工程文件。

（2）创建界面：一个文本框。

（3）设置属性，如表11-5所示。

表 11-5 对象的属性设置

对象	属性名	设定属性值
Text1	Text	请在窗体中右击

（4）补全代码。

```
Private Sub Form_MouseDown(Button As Integer, Shift As Integer, X As Single, Y As Single)
    If Button = 2 Then
```

```
    ________________
    End If
End Sub
Private Sub popbold_Click(Index As Integer)
    ________________
End Sub
Private Sub popitalic_Click(Index As Integer)
    Text1.FontItalic = True
End Sub
Private Sub popunder_Click(Index As Integer)
    Text1.FontUnderline = True
End Sub
Private Sub font20_Click(Index As Integer)
    ________________
End Sub
Private Sub fontls_Click(Index As Integer)
    ________________
End Sub
Private Sub popquit_Click(Index As Integer)
    End
End Sub
```

2. 测试练习

【11-4】 在“实验实训十一\测试练习\”文件夹中有一个工程文件 11-4.vbp，含有名称分别为 Form1 和 Form2 的两个窗体。其中 Form1 上有一个图片框（名称为 Picture1，Picture 属性为“实验实训十一\测试练习\tuzi.jpg”）、一个定时器（名称为 Timer1，Interval 属性为 200ms）和一个下拉式菜单，菜单编辑器设置如表 11-6 所示。

表 11-6 菜单编辑器设置

标题	名称
开始操作	Start1
窗体 2	Start（索引为 1）
动画	Start（索引为 2）
退出	Start（索引为 3）

Form2 上有一个命令按钮（名称为 Command1、标题为“返回 Form1”），如图 11-6 所示。编程实现利用菜单切换窗体或使图片运动。文件中已经给出了全部控件和程序，但程序不完整，请把它补充完整，并能正确运行。

要求如下。

（1）当用户单击“窗体 2”菜单命令时，隐藏 From1，显示 Form2。

（2）当用户单击“动画”菜单命令时，图片开始移动，移到窗口的右边界时自动跳到窗体左边界重新移动。

（3）单击“退出”菜单命令时，结束程序运行。

（4）去掉程序中的注释符，把程序中的“?”改为正确的内容，使之正确运行。

注意：不能修改程序中的其他部分，最后把修改后的文件按原文件名存盘。

图 11-5　运行结果 1

图 11-6　运行结果 2

【11-5】　在“实验实训十一\测试练习\”文件夹中有一个工程文件 11-5.vbp，其窗体上有两个文本框（名称分别为 Text1、Text2，Text 属性均为空）和一个下拉式菜单，菜单编辑器设置如表 11-7 所示。编程实现利用菜单对两个文本框进行“剪切”、“复制”、“粘贴”操作。文件中已经给出了全部控件和程序，但程序不完整，请把它补完整，并能正确运行。

表 11-7　菜单编辑器设置

标题	名称
编辑	Edit
复制	Copy
剪切	Cut
粘贴	Paste

要求如下。

（1）当光标所在的文本框中内容为空时，“剪切”和“复制”菜单项不可用，否则该菜单项可用，并根据选项做“剪切”或“复制”操作（剪切或复制的内容放在变量 tmp 中）。如果用户未做过“剪切”或“复制”操作（tmp 变量为空），则“粘贴”菜单项不可用，运行结果如图 11-7 所示。

（2）当用户单击“粘贴”菜单项时，将“复制”或“剪切”的内容放入光标所在文本框。

（3）去掉程序中的注释符，把程序中的“?”改为正确的内容，使之正确运行。

注意：不能修改程序中的其他部分，最后把修改后的文件按原文件名存盘。

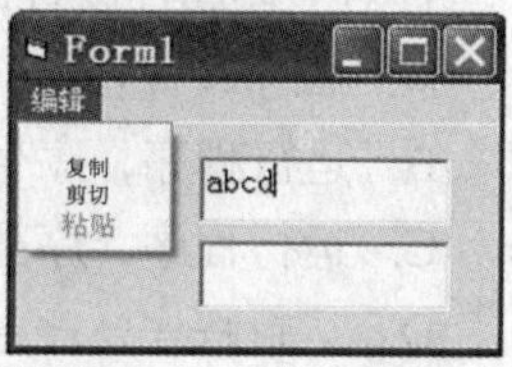

图 11-7　运行结果

【11-6】　2011 年 9 月真题一（32）。

假定已经在菜单编辑器中建立了窗体的弹出式菜单，其顶级菜单项的名称为 a1，其“可见”属性为 False。程序运行后，单击或右击都能弹出菜单的事件过程是（　）。

A.
```
Private Sub Form_MouseDown(Button As Integer, _
                Shift As Integer, X As Single, Y As Single)
  If Button = 1 And Button = 2 Then
    PopupMenu a1
  End If
End Sub
```

B.
```
Private Sub Form_MouseDown(Button As Integer, _
                Shift As Integer, X As Single, Y As Single)
    PopupMenu a1
End Sub
```

C.
```
Private Sub Form_MouseDown(Button As Integer, _
                Shift As Integer, X As Single, Y As Single)
```

```
        If Button = 1 Then
            PopupMenu a1
        End If
    End Sub
D.  Private Sub Form_MouseDown(Button As Integer, _
                    Shift As Integer, X As Single, Y As Single)
        If Button = 2 Then
            PopupMenu a1
        End If
    End Sub
```

分析：本题要求单击或右击都能弹出菜单，A 项中 Button = 1 And Button = 2 条件永为假；C 项中 Button = 1 只能满足单击弹出菜单；D 项中 Button = 2 只能满足右击弹出菜单。答案：B。

【11-7】 2012 年 9 月真题一（22）。

设菜单编辑器中各菜单项的属性设置如表 11-8 所示。

表 11-8　菜单项属性设置

序号	标题	名称	复选	有效	可见	内缩符号
1	File	File		√	√	无
2	Open	OpenFile		√	√	1
3	Save	SaveFile		√		1
4	Exit	EndOfAll			√	1
5	Help	ShowHelp	√		√	1

针对上述属性设置，以下叙述中错误的是（　）。

A. 属性设置有错，存在“标题”与“名称”重名现象

B. 运行程序，序号为 3 的菜单项不显示

C. 运行程序，序号为 4 的菜单项不可用

D. 运行程序，序号为 5 的菜单项前显示“√”

分析：菜单编辑器中的“标题”是运行时菜单项上显示的文字，即 Caption，“名称”用来唯一识别该菜单项，两者可以相同也可以不同，上述属性设置没有错误。答案：A。

四、实训拓展训练

【11-8】 模拟写字板程序。

创建如图 11-8 所示的窗体界面，在窗体上创建一个菜单栏，其中“文件”菜单包含三个子菜单项：打开（open）、保存（save）和关闭（close）。“编辑”菜单包含三个子菜单项：剪切（cut）、复制（copy）和粘贴（paste）。在菜单栏下方创建一个工具栏，其中包含上述菜单中的所有命令。在工具栏下方创建一个格式栏，其中包含“字体”（combo1）、“字号”（combo2）列表框以及“加粗”、“斜体”和“下划线”命令按钮。在格式栏下方创建一个 RichTextBox，用来显示文字。

图 11-8　窗体界面

要求如下。

当用户单击菜单中的命令或工具栏与格式栏中的命令按钮时，分别执行相应的操作。

分析：

（1）“剪切”命令的事件代码如下。

```
Private Sub cut_Click()
    Clipboard.Clear
    Clipboard.SetText RichTextBox1.SelText
    RichTextBox1.SelText = ""
End Sub
```

（2）“复制”命令的事件代码如下。

```
Private Sub copy_Click()
    Clipboard.Clear
    Clipboard.SetText RichTextBox1.SelText
End Sub
```

（3）“粘贴”命令的事件代码如下。

```
Private Sub paste_Click()
    RichTextBox1.SelText = Clipboard.GetText
End Sub
```

五、思考练习

【11-9】 创建如图 11-9 所示的窗体界面，在窗体上创建一个长方形（名称为 Shape1，Shape 属性为 Rectangle）和一个菜单栏（其中，“形状”菜单中包含“长方形”、“正方形”、“椭圆”、“圆”、“圆角长方形”和“圆角正方形”菜单命令；“填充图案”菜单中包含“实心填充”、“透明”、“水平线”、“竖直线”、“左斜线”、“右斜线”、“水平交叉”和“斜交叉”菜单命令；“填充颜色”菜单中包含“红”、“黄”、“蓝”、“绿”、“黑”和“白”菜单命令）。

要求如下。

当用户单击菜单栏中的菜单命令时，根据所选命令对图形作相应的设置。

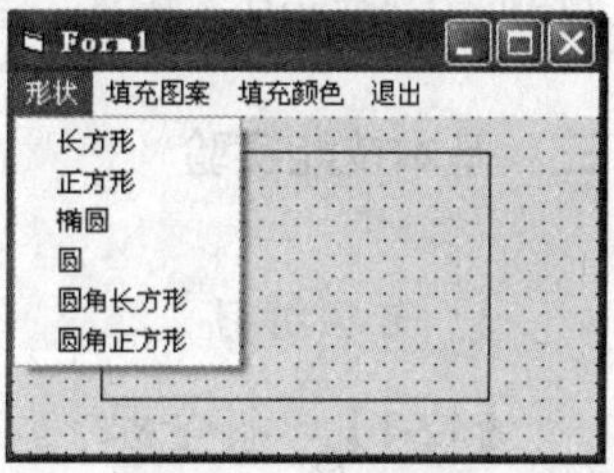

图 11-9 窗体界面

【11-10】 创建如图 11-10 所示的窗体界面，在窗体上创建一个标签（名称为 Label1，标题为“欢迎进入 Visual Basic”）和一个弹出式菜单，其中包含如图 11-10 所示的六项菜单命令和一条分隔线（名称自定）。

要求如下。

（1）当用户右击标签时，弹出图 11-10 所示的菜单。

（2）根据所选菜单命令分别对标签中的文本进行相应设置。

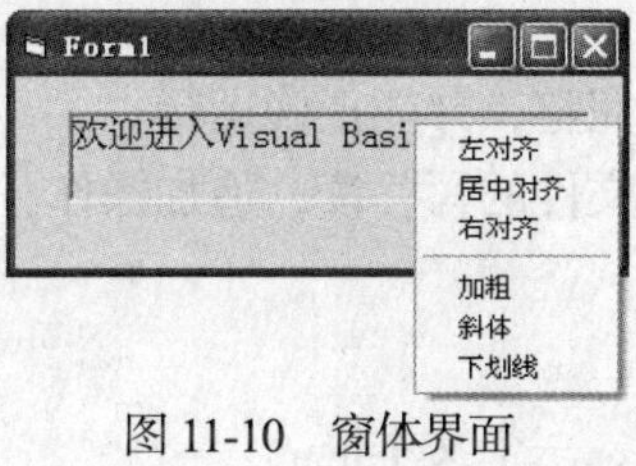

图 11-10 窗体界面

实验实训十二　文　　件

一、实验实训目标

（1）掌握文件的概念。

（2）掌握文件的基本操作。

（3）掌握文件系统控件的基本属性、事件、方法。

（4）了解通用对话框的基本属性、事件、方法。

（5）了解外存数据的基本组织和管理方式——文件系统和数据库。

二、相关知识点

（1）文件的概念：基本概念及文件的分类。

（2）文件的基本操作：顺序文件、随机文件。

（3）文件系统控件：驱动器列表框（DriveListBox）、目录列表框（DirListBox）、文件列表框（FileListBox）。

（4）通用对话框（CommonDialog）。

（5）以文件方式进行数据组织和管理，一般需要执行文件建立、文件使用、文件删除、文件复制和移动等基本操作，其中文件的使用必须经过打开、读、写、关闭4个基本步骤。

三、基本技能实验

1. 专项练习

【12-1】　补全程序。在Form1窗体中创建三个命令按钮、一个文本框，编程实现对文本文件的写、读、追加操作。运行结果如图12-1所示。

要求如下。

（1）当用户在文本框中输入内容（如“河北工程大学”）后，单击“写入”命令按钮时，将输入内容写入“实验实训十二\专项练习\1.txt”文本文件中。

（2）当用户单击“读出”命令按钮时，将“实验实训十二\专项练习\1.txt”文本文件中的内容读出并显示在文本框中。

（3）当用户单击“追加”命令按钮时，将“姓名：张三”追加到“实验实训十二\专项练习\1.txt”的文本文件中。

（4）程序不完整，请把它补充完整，并能正确运行。

实训分析：本题主要考查顺序文件的写、读、追加操作。

实训操作步骤如下。

（1）建立新的工程文件。

（2）创建界面：三个命令按钮、一个文本框。

（3）设置属性，如表12-1所示。

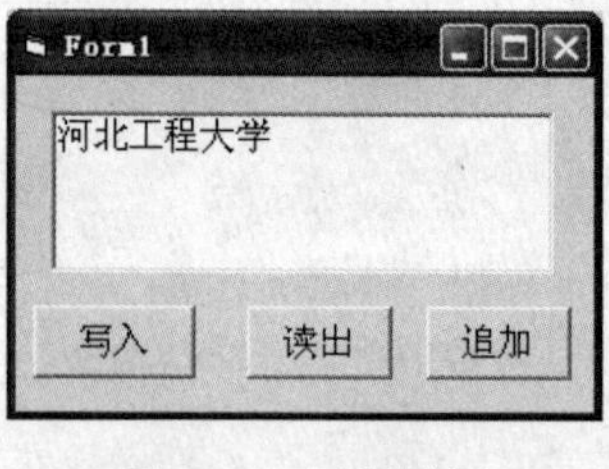

图12-1　运行结果

表 12-1　对象的属性设置

对象	属性名	设定属性值
Command1	Caption	写入
Command2	Caption	读出
Command3	Caption	追加
Text1	Text	（空）
	Multiline	True

（4）补全代码。

```
Private Sub Command1_Click()
    Dim s1$, s2$, s3$
    Open App.Path & "\1.txt" For Output As #1
    ______________
    Close #1
End Sub
Private Sub Command2_Click()
    Open App.Path & "\1.txt" For Input As #1
    Do While Not EOF(1)
        ______________
        Text1 = Text1 + s
    Loop
    Close #1
End Sub
Private Sub Command3_Click()
    Open App.Path & "\1.txt" For Append As #1
    ________________
    Close #1
End Sub
```

想一想：Command1_Click 事件过程中，如果填写 Print #1, Text1.Text 会怎么样？Command2_Click 事件过程中，如果填写 s = Input(1, #1)会怎么样？

【12-2】 补全程序。在 Form1 窗体中创建两个命令按钮、一个文本框，程序实现随机文件的读、写操作。运行结果如图 12-2 所示。

要求如下。

（1）当用户单击"写入"命令按钮时，依次弹出输入对话框要求输入两条记录（"输入学生姓名"、"输入学生性别"、"输入学生年龄"），如输入张三、男、18，李四、女、22，并将两条记录写入"实验实训十二\专项练习\2.dat"随机文件中。

（2）当用户单击"读出"命令按钮后，将"实验实训十二\专项练习\2.dat"随机文件中的记录读出并显示在文本框中，运行结果如图 12-2 所示。

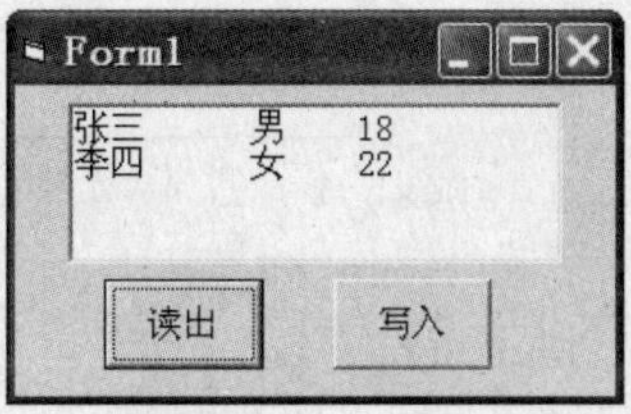

图 12-2　运行结果

（3）程序不完整，请把它补充完整，并能正确运行。

实训分析：本题主要考查随机文件的读、写应用。

实训操作步骤如下。

（1）建立新的工程文件。

（2）创建界面：两个命令按钮、一个文本框。

（3）设置属性，如表 12-2 所示。

表 12-2　对象的属性设置

对象	属性名	设定属性值
Command1	Caption	读出
Command2	Caption	写入
Text1	Text	（空）
	Multiline	True

（4）补全代码。

```
Private Type Stud
    Name As String * 8
    Sex As String * 4
    Age As String * 3
End Type
Private Sub Command1_Click()        '从随机文件中读记录，并从文本框 Text1 中输出
    Dim t As Stud
    Open App.Path & "\2.dat" For Random As #1 Len = Len(t)
    I = 0
    Do While ___________
        I = I + 1
        ____________                '随机文件记录读取的命令
        Text1.Text = Text1.Text & t.Name
        Text1.Text = Text1.Text & "  "
        Text1.Text = Text1.Text & t.Sex
        Text1.Text = Text1.Text & "  "
        Text1.Text = Text1.Text & t.Age
        Text1.Text = Text1.Text & Chr(13) & Chr(10)
    Loop
    Close #1
End Sub
Private Sub command2_Click()        '向随机文件 2.dat 写记录
    Dim t As Stud
    Open App.Path & "\2.dat" For Random As #2 Len = Len(t)
    For I = 1 To 2
        t.Name = InputBox("输入学生姓名")
        t.Sex = InputBox("输入学生性别")
        t.Age = InputBox("输入学生年龄")
                                    '随机文件记录写入的命令
        ____________
    Next I
    Close #2
End Sub
```

【12-3】　补全程序。在 Form1 窗体中创建一个驱动器列表框、一个目录列表框、一个文件列表框、三个标签，程序实现选择驱动器后，目录列表框和文件列表框内容随之变化。运行结果如图 12-3 所示。

要求如下。

（1）当用户单击驱动器列表框选择不同的驱动器时，目录列表框内容随之变化。

（2）当用户单击目录列表框中不同的文件夹时，文件列表框随之变化且只显示“*.txt”类型文件。

（3）程序不完整，请把它补充完整，并能正确运行。

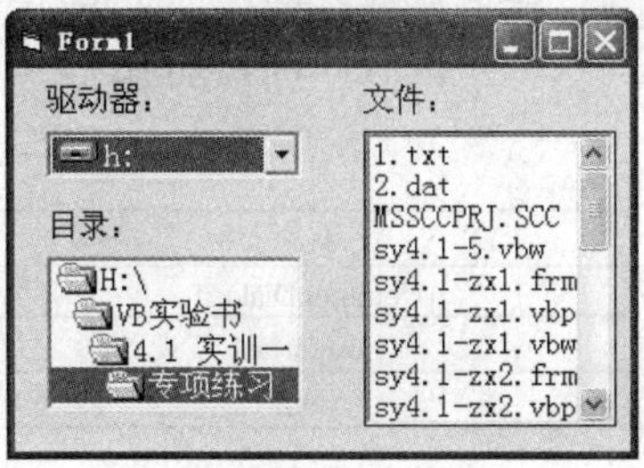

图 12-3　运行结果

实训分析：本题主要考查驱动器列表框、目录列表框、文件列表框属性的应用。

实训操作步骤如下。

（1）建立新的工程文件。

（2）创建界面：一个驱动器列表框、一个目录列表框、一个文件列表框、三个标签。

（3）设置属性，如表 12-3 所示。

表 12-3　对象的属性设置

对象	属性名	设定属性值
Drive1	Name	Drive1
Dir1	Name	Dir1
File1	Name	File1
Label1	Caption	驱动器:
Label2	Caption	目录:
Label3	Caption	文件:

（4）补全代码。

```
Private Sub Drive1_Change()
    ____________________
End Sub
Private Sub Dir1_Change()
    ____________________
End Sub
Private Sub File1_Click()

End Sub
```

【12-4】　补全程序。在 Form1 窗体中创建一个通用对话框、一个命令按钮、一个文本框，编程实现对文本框中字体、字号、字形、颜色、效果进行设置。程序运行结果如图 12-4 所示。

要求如下。

（1）当用户单击“字体设置”命令按钮时，弹出字体设置命令界面，用户对字体设置命令界面字体、字号、字形、颜色、效果分别进行设置。

（2）当用户单击字体命令界面中的“确定”命令按钮时，将字体设置效果应用到文本框 Text1 中。

图 12-4　窗体界面

（3）程序不完整，请把它补充完整，并能正确运行。

实训分析：本题主要考查通用对话框基本属性和方法的应用。

实训操作步骤如下。

（1）建立新的工程文件。

（2）创建界面：一个通用对话框、一个命令按钮、一个文本框。

（3）设置属性，如表 12-4 所示。

表 12-4　对象的属性设置

对象	属性名	设定属性值
CommonDialog1	Name	CommonDialog1
Command1	Caption	字体设置
Text1	Text	河北工程大学

（4）补全代码。

```
Private Sub Command1_Click()
    CommonDialog1.Flags = cdlCFBoth Or cdlCFEffects
     'cdlCFBoth 对话框列出可用的打印机和屏幕字体，cdlCFEffects 对话框允许删除线，下划线，
     以及颜色效果
    CommonDialog1.ShowFont
    If CommonDialog1.FontName > " " Then
        Text1.FontName = CommonDialog1.FontName
    End If
    ______________
    ______________
    ______________
    ______________
    ______________
    ______________
End Sub
```

2. 测试练习

【12-5】　在“实验实训十二\测试练习\”文件夹中有一个工程文件 12-5.vbp，窗体上有三个命令按钮（名称分别为 Command1、Command2、Command3，标题分别为“读数”、“排序”、“保存”）、两个文本框（名称分别为 Text1、Text2，Text 属性均为空，Multiline 属性均为 True），程序实现读出随机文件中的数据，按从小到大的顺序排序后存入原随机文件，运行结果如图 12-5、图 12-6 所示。文件中已经给出了全部控件和程序，程序不完整，请把它补充完整，并能正确运行。

要求如下。

（1）当用户单击“读数”命令按钮时，在文本框 Text1 中显示“实验实训十二\测试练习\t1.dat”文件中的数据，如图 12-5 所示。

（2）当用户单击“排序”命令按钮时，文本框 Text2 中显示文本框 Text1 的数据按从小到大的顺序排序后的结果，如图 12-6 所示。

（3）当用户单击“保存”命令按钮时，把排好序的数据保存回“实验实训十二\测试练习\t1.dat”文件中。

（4）去掉程序中的注释符，把程序中的“?”改为正确的内容，使之正确运行。

注意： 不能修改程序中的其他部分，最后把修改后的文件按原文件名存盘。

图 12-5 运行结果 1

图 12-6 运行结果 2

【12-6】 在“实验实训十二\测试练习\”文件夹中有一个工程文件 12-6.vbp，其窗体上有两个文本框（名称分别为 Text1、Text2，Text 内容为空）、四个标签（名称分别为 Label1、Label2、Label3、Label4，标题分别为 “N:”、“X:”、“结果 s=”、空）、一个命令按钮（名称为 Command1，标题为“计算”），如图 12-7 所示。程序实现计算表达式 $s=(x+2)^2+(x+3)^3+(x+4)^4+\cdots+(x+n)^n$ 的值，其中 n 和 x 的值通过键盘分别输入文本框中，并将计算结果显示在名称为 Label4 的标签中。文件中已经给出了全部控件和程序，但程序不完整，请把它补充完整，并能正确运行。

要求如下。

（1）用户首先把 n 和 x 的值通过键盘分别输入对应的文本框中，当用户单击“计算”命令按钮时，将计算结果显示在名称为 Label4 的标签并存入文件中，如图 12-7 所示。

（2）去掉程序中的注释符，把程序中的“?”改为正确的内容，使之正确运行。

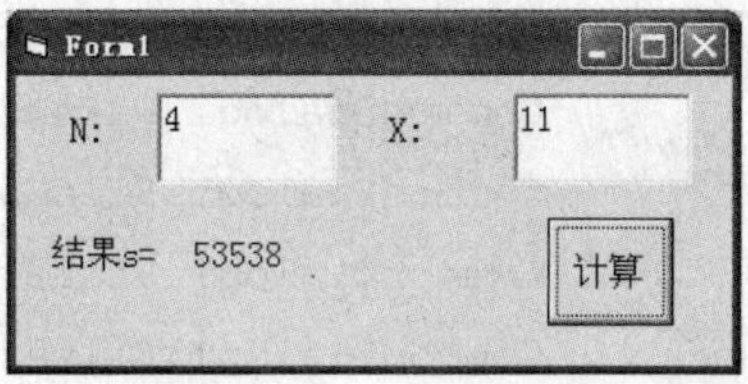

图 12-7 运行结果

注意：不能修改程序中的其他部分，最后把修改后的文件按原文件名存盘。

【12-7】 2011 年 3 月真题二（9）。

窗体上已有名称分别为 Drive1、Dir1、File1 的驱动器列表框、目录列表框和文件列表框，且有一个名称为 Text1 的文本框。以下程序的功能是：将指定位置扩展名为.txt 的文件显示在 File1 中，双击 File1 中的某个文件，可在 Text1 中显示该文件的内容，请将程序补充完整。

```
Private Sub Form_Load()
    File1.Pattern = ___①___
End Sub
Private Sub Drive1_Change()
    Dir1.Path = Drive1.Drive
End Sub
Private Sub Dir1_Change()
    File1.Path = Dir1.Path
End Sub
Private Sub File1_DblClick()
    Dim s As String * 1
    If Right(File1.Path, 1) = "\" Then
        f_name = File1.Path + File1.FileName
    Else
        f_name = File1.Path + "\" + File1.FileName
```

```
        End If
        Open f_name____②____ As #1
        Text1.Text = ""
        Do While ____③____
            s = Input(1, #1)
            Text1.Text = Text1.Text + s
        Loop
        Close #1
    End Sub
```

分析：本题考查的知识点是文件系统控件的应用。要求在文件列表框中显示扩展名为.txt 的文件，所以在①处应填写"*.txt"；在 Text1 中显示文件内容即对文件做读取操作，所以在②处应填写 For Input；Do While…Loop 结构是要在 Text1 中显示该文件的内容，而 Input(1, #1)是从 1 号文件中读取一个字符，因此，③处应填写 Not EOF(1)。答案：①"*.txt"；②For Input；③Not EOF(1)。

【12-8】 2012 年 3 月真题一（25）。

窗体上有一个名称为 CommonDialog1 的通用对话框、一个名称为 Command1 的命令按钮，并有如下事件过程。

```
    Private Sub Command1_Click()
        CommonDialog1.DefaultExt = "doc"
        CommonDialog1.FileName = "VB.txt"
        CommonDialog1.Filter = "All(*.*)|*.*|Word|*.Doc|"
        CommonDialog1.FilterIndex = 1
        CommonDialog1.ShowSave
    End Sub
```

运行上述程序，如下叙述中正确的是（　）。

A. 打开的对话框中文件“保存类型”框中显示“All(*.*)”

B. 实现保存文件的操作，文件名是 VB.txt

C. DefaultExt 属性、FileName 属性所指明的文件类型不一致，程序出错

D. 对话框的 Filter 属性没有指出 txt 类型，程序运行出错

分析：打开的对话框中文件“保存类型”框中除了显示“All(*.*)”还有 Word，所以 A 项错误；DefaultExt 属性为该对话框返回或设置缺省的文件扩展名，与 FileName 属性所指明的文件类型不一致时，按 FileName 属性中文件类型进行保存，程序不会出错，所以 C 项错误；对话框的 Filter 属性设置中包含“All(*.*)|*.*|”，即包含了所有类型，所以 D 项错误。答案：B。

四、实训拓展训练

【12-9】 在窗体中创建三个标签（标题分别为“文件名”、“最长单词的长度为”和“该长度最后一次出现的单词为”）、四个文本框（内容均为空）和三个命令按钮（标题分别为“浏览”、“读数据”和“统计”）。

要求如下。

（1）运行后，在“文件名”文本框中输入文件名（含路径）或单击“浏览”命令按钮，在打开的通用对话框中选择文件（要选内容为英文文章的文件，如“实验实训十二\实训拓展训练\a.txt”）。

（2）单击“读数据”命令按钮，程序将上述文件中的内容显示在 Text2 中。

（3）单击“统计”命令按钮，将该文件中最长单词的长度和该长度最后一次出现的单词显示

在相应文本框中，运行结果如图 12-8 所示。

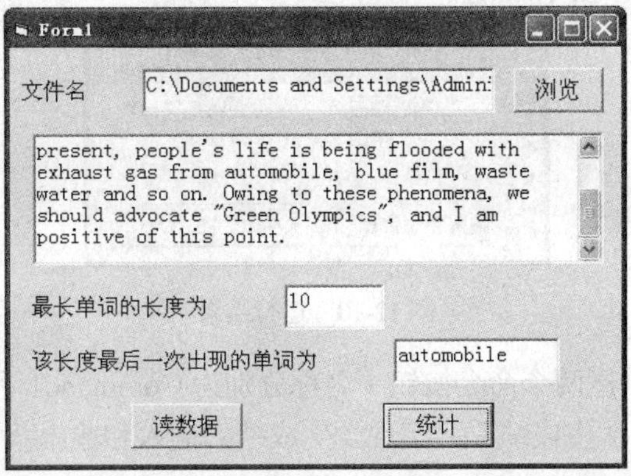

图 12-8　运行结果

【12-10】　模拟数据库访问操作。在窗体上创建四个标签（标题分别为“姓名”、“学号”、“专业”和“成绩”）、四个文本框（内容均为空）和八个命令按钮（标题分别为“新建”、“添加”、“修改”、“删除”、“查找”、“上一条”、“下一条”和“退出”），窗体界面如图 12-9 所示。

要求如下。

（1）运行后，在窗体各文本框中显示文件“实验实训十二\实训拓展训练\sdata.txt”的首条记录内容。

（2）单击各命令按钮，对文件中的记录做相应的操作。

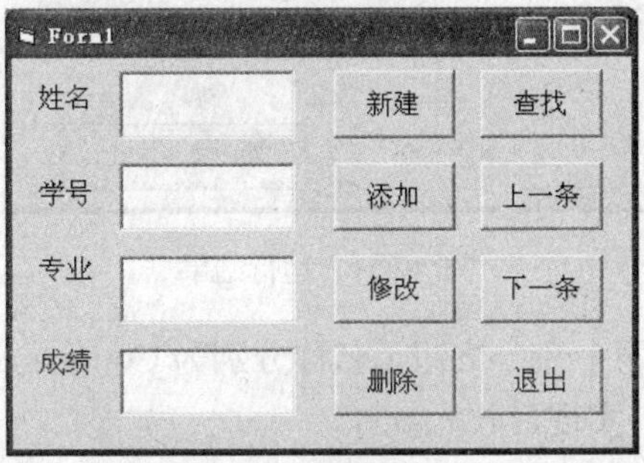

图 12-9　窗体界面

分析：

（1）选择使用自定义数据变量来表示各记录信息。

（2）在程序运行过程中需要多次执行某些操作，所以将该功能以子过程方式编写。

（3）程序运行后，在窗体上显示文件中首条记录的内容。

五、思考练习

【12-11】　在窗体上创建两个命令按钮（名称分别为 Command1 和 Command2，标题分别为“输入学生信息”和“输出学生信息”），实现输入、输出学生信息的功能。

要求如下。

（1）单击“输入学生信息”命令按钮，在“实验实训十二\思考练习”文件夹中建立一个名为 stu-info.txt 的顺序文件，使用输入对话框依次输入 2 个学生的学号（sno）、姓名（sname）和年龄（sold），并将信息写入该文件。

（2）单击“输出学生信息”命令按钮，打开 stu-info.txt 文件，读出文件中的数据项并将其显示在窗体上。运行结果如图 12-10 所示。

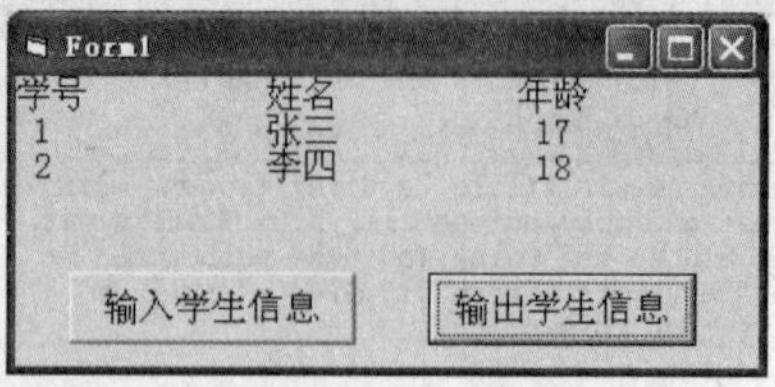

图 12-10 运行结果

【12-12】 在窗体上创建两个命令按钮（名称分别为 Command1 和 Command2，标题分别为“输入学生成绩”和“输出学生成绩”），实现学生成绩的输入和输出。

要求如下。

（1）单击“输入学生成绩”命令按钮，在“实验实训十二\思考练习”文件夹中建立一个名为 mark.txt 的顺序文件，使用输入对话框依次输入学生的姓名、数学成绩、语文成绩和英语成绩，并将信息追加到该文件。

（2）单击“输出学生信息”命令按钮，打开 mark.txt 文件，读出文件中的数据项并对成绩按科目求平均值，将学生成绩及运算结果显示在窗体上。运行结果如图 12-11 所示。

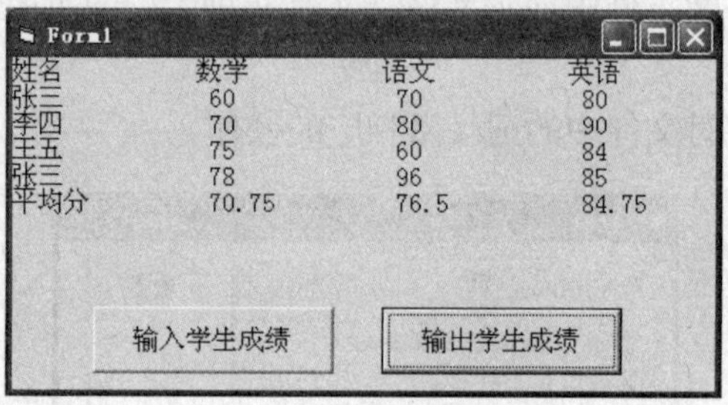

图 12-11 运行结果

【12-13】 在窗体上创建两个命令按钮（名称分别为 Command1 和 Command2，标题分别为“输入数据”和“统计输出”），实现月收入统计。

要求如下。

（1）窗体装载时在“实验实训十二\思考练习”文件夹中建立一个名为 gz.txt 的随机文件。

（2）单击“输入数据”命令按钮，依次弹出四个输入对话框，分别输入月份、基本工资、津贴和其他，并将输入的信息以记录的形式写入 gz.txt 文件。

（3）单击“统计输出”命令按钮，读出文件中的各项记录，将每条记录中的基本工资、津贴和其他求和并显示在窗体上。运行结果如图 12-12 所示。

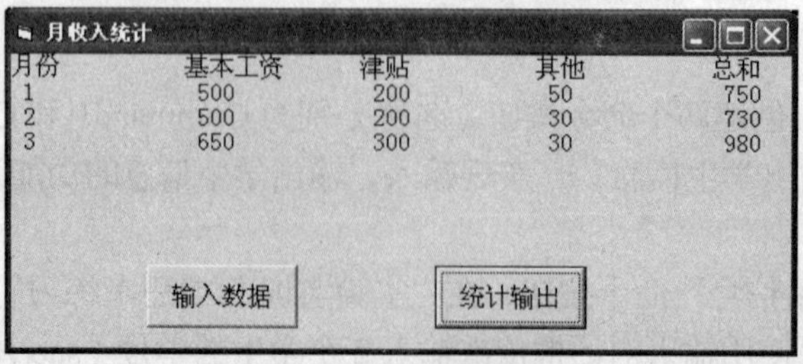

图 12-12 运行结果

实验实训十三　图形操作

一、实验实训目标

（1）掌握坐标系统。

（2）掌握 Visual Basic 作图基本属性、方法、控件。

（3）了解鼠标事件、键盘事件。

（4）了解 MDI 窗体。

（5）了解内存数据的基本组织和管理方式——数据结构。

二、相关知识点

（1）坐标系统概述：坐标系统组成和刻度、自定义刻度、改变坐标系统的方法。

（2）Visual Basic 作图基本属性：AutoRedraw、DrawWidth、DrawStyle、FillStyle、FillColor。Visual Basic 作图基本方法：画点、画线、画圆等。

Visual Basic 作图基本控件：Line 控件、Shape 控件。

（3）鼠标事件、键盘事件。

（4）MDI 窗体。

（5）内存数据包括简单数据、线性数据、层次数据和网状数据。

三、基本技能实验

1. 专项练习

【13-1】　补全程序。在名称为 Form1 的窗体上用控件创建一个圆（直径为 2000 缇）、两个命令按钮，编程实现用不同线条对圆的内部进行填充。

要求如下。

（1）当用户单击“水平线”命令按钮时，圆的内部用水平线填充，运行结果如图 13-1 所示。

（2）当用户单击“垂直线”命令按钮时，圆的内部用垂直线填充，运行结果如图 13-2 所示。

（3）程序中不得使用变量，每个事件过程中只能写一条语句。

（4）程序不完整，请把它补充完整，并能正确运行。

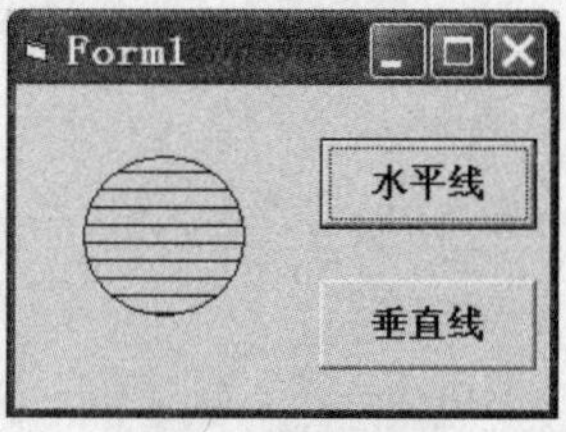

图 13-1　运行结果 1

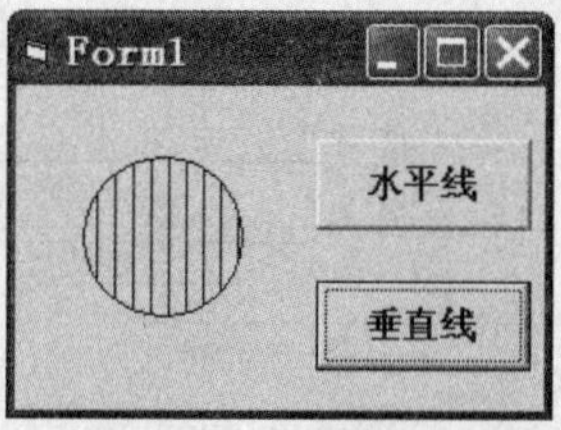

图 13-2　运行结果 2

实训分析：本题主要考查默认坐标系统和用户自定义坐标系统的应用。

实训操作步骤如下。

（1）建立新的工程文件。

（2）创建界面：两个命令按钮。

（3）设置属性，如表 13-1 所示。

表 13-1　对象的属性设置

对象	属性名	设定属性值
Command1	Caption	水平线
Command2	Caption	垂直线

（4）补全代码。

```
Private Sub Command1_Click()
    ___________
End Sub
Private Sub Command2_Click()
    ___________
End Sub
```

【13-2】　补全程序。在 Form1 窗体中创建一个命令按钮，在默认坐标系统下，编程实现随机画出变化的圆（随机的圆心位置、填充样式及颜色），运行结果如图 13-3 所示。

要求如下。

（1）当用户每次单击“画圆”命令按钮时，出现圆心、圆的填充及颜色均随机变化的圆，圆的半径为 500 缇。

（2）程序不完整，请把它补充完整，并能正确运行。

实训分析：本题主要考查 Visual Basic 作图基本属性 CurrentX、CurrentY、FillStyle、FillColor 的应用。

图 13-3　运行结果

实训操作步骤如下。

（1）建立新的工程文件。

（2）创建界面：一个命令按钮。

（3）设置属性，如表 13-2 所示。

表 13-2　对象的属性设置

对象	属性名	设定属性值
Command1	Caption	画圆

（4）补全代码。

```
Private Sub Command1_Click()
    Randomize
    CurrentX = Form1.Width * Rnd
    CurrentY = Form1.Height * Rnd
    FillColor =___________
    FillStyle =___________
    ___________
End Sub
```

【13-3】　补全程序。在 Form1 窗体上利用鼠标事件实现绘图板的功能。

要求如下。

（1）用户按住鼠标左键拖动鼠标，可以在窗体上留下绘图痕迹，运行结果如图 13-4 所示。

（2）程序不完整，请把它补充完整，并能正确运行。

实训分析：本题主要考查 Visual Basic 作图中 CurrentX、CurrentY 基本属性和 Line 方法的应用。

实训操作步骤如下。

（1）建立新的工程文件。

（2）创建界面：空。

（3）设置属性，如表 13-3 所示。

图 13-4　运行结果

表 13-3　对象的属性设置

对象	属性名	设定属性值
Form1	Caption	绘图板

（4）补全代码。

```
Private Sub Form_MouseDown(Button As Integer, Shift As Integer, X As Single, Y As Single)
    CurrentX =____________
    CurrentY = ____________
End Sub
Private Sub Form_MouseMove(Button As Integer, Shift As Integer, X As Single, Y As Single)
    If Button = 1 Then ____________
End Sub
```

【13-4】　补全程序。新建一个工程文件，添加 MDI 窗体，在 MDI Form1 窗体上创建一个下拉式菜单，菜单编辑器设置如表 13-4 所示。

表 13-4　菜单编辑器设置

标题	名称
选择	sel
第一窗体	chuangti
索引	1
第二窗体	chuangti
索引	2
第三窗体	chuangti
索引	3
退出	chuangti
索引	4

依次添加 Form1、Form2、Form3 窗体（设置这三个窗体为 MDI 子窗体），在三个 MDI 子窗体中分别创建一个标签、一个命令按钮。编程实现同时打开多个窗体，运行结果如图 13-5 所示。

要求如下。

（1）当用户选中菜单“选择”中的“第一窗体”命令时，第一窗体显示。

（2）当用户选中菜单“选择”中的“第二窗体”命令时，第二窗体显示。

（3）当用户选中菜单“选择”中的“第三窗体”命令时，第三窗体显示。

（4）当用户选中菜单“选择”中的“退出”命令时，退出应用程序。

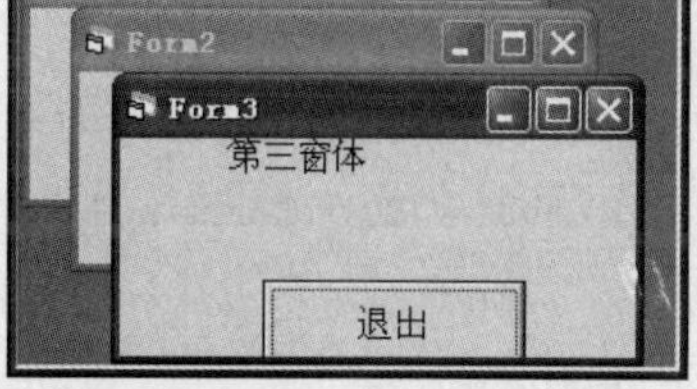

图 13-5　运行结果

（5）程序不完整，请把它补充完整，并能正确运行。

实训分析：本题主要考查 MDI 窗体的应用。

实训操作步骤如下。

（1）建立新的工程文件。

（2）创建界面：一个 MDI 窗体，三个 MDI 子窗体。

（3）设置属性，如表 13-5 所示。

表 13-5　对象的属性设置

对象	属性名	设定属性值
Form1	MdiChild	True
Label1	Caption	第一窗体
Command1	Caption	退出
Form2	MdiChild	True
Label1	Caption	第二窗体
Command1	Caption	退出
Form3	MdiChild	True
Label1	Caption	第三窗体
Command1	Caption	退出

（4）补全代码。

在 MDI Form1 代码编辑器窗口中输入以下代码。

```
Private Sub chuangti_Click(Index As Integer)
    Select Case Index
    Case 1
        __________
    Case 2
        __________
    Case 3
        __________
    Case 4
    End
    End Select
End Sub
```

在 Form1 代码编辑器窗口中输入以下代码。

```
Private Sub Command1_Click()
    End
End Sub
```

在 Form2 代码编辑器窗口中输入以下代码。

```
Private Sub Command1_Click()
    End
End Sub
```

在 Form3 代码编辑器窗口中输入以下代码。

```
Private Sub Command1_Click()
    End
End Sub
```

2. 测试练习

【13-5】 在“实验实训十三\测试练习”文件夹中有一个工程文件13-5.vbp，Form1中有一个定时器（名称为Timer1，Interval属性为100ms，Enabled属性为False）、两条水平直线（名称分别为Line1、Line2）、一个形状控件（名称为Shape1，Shape属性为Circle），如图13-6所示。编程实现Shape1在Line1和Line2之间运动。文件中已经给出了全部控件和程序，程序不完整，请把它补充完整，并能正确运行。

要求如下。

（1）当Shape1的顶端到达Line1时，会自动改变方向而向下运动；当Shape1的底部到达Line2时，会改变方向而向上运动。

（2）去掉程序中的注释符，把程序中的“?”改为正确的内容，使之正确运行。

注意：不能修改程序中的其他部分，最后把修改后的文件按原文件名存盘。

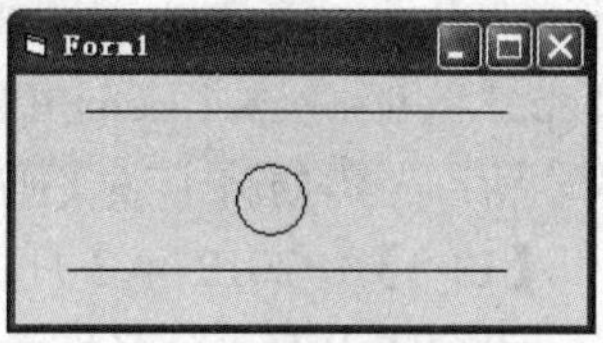

图13-6 运行结果

【13-6】 在“实验实训十三\测试练习”文件夹中有一个工程文件13-6.vbp，其窗体上有一个定时器（名称为Timer1，Interval属性为100ms）、一个图片框（名称为Picture1）、一个形状控件（名称为Shape1，Shape属性为Circle, FillColor属性为&HFF0000蓝色），如图13-7所示，程序实现圆初始为蓝色并逐渐变大（圆心位置不变），当圆充满图片框时变为红色，并开始逐渐缩小，当缩小到初始大小时又变为蓝色，并再次逐渐变大，如此反复，如图13-8所示。文件中已经给出了全部控件和程序，程序不完整，请把它补完整，并能正确运行。

要求：去掉程序中的注释符，把程序中的“?”改为正确的内容，使之正确运行。

注意：不能修改程序中的其他部分，最后把修改后的文件按原文件名存盘。

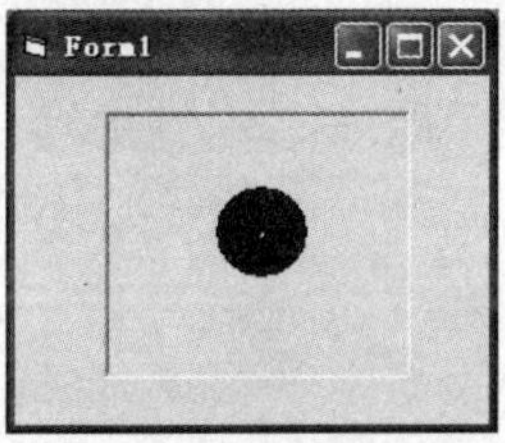

图13-7 运行结果1

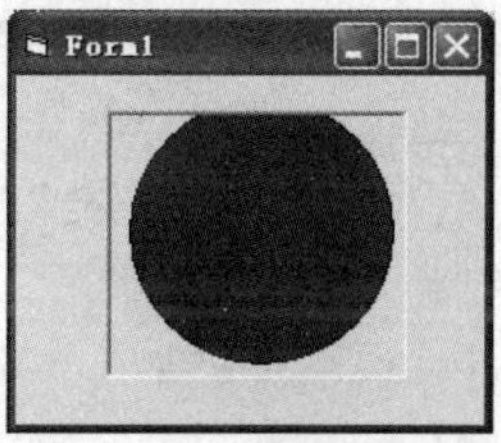

图13-8 运行结果2

【13-7】 2009年9月真题一（33）。

窗体的左右两端各有一条直线，名称分别为Line1、Line2；名称为Shape1的圆靠在左边的Line1直线上，如图13-9所示；另有一个名称为Timer1的计时器控件，其Enabled属性值是True。要求程序运行后，圆每秒向右移动100缇，当圆遇到Line2时停止移动。为实现上述功能，某人把计时器的Interval属性设置为1000，并编写了如下程序。

```
Private Sub Timer1_Timer()
   For k=Line1.X1 To Line2.X1 Step 100
      If Shape1.Left+Shape1.Width<Line2.X1 Then
          Shape1.Left=Shape1.Left+100
      End If
   Next k
End Sub
```

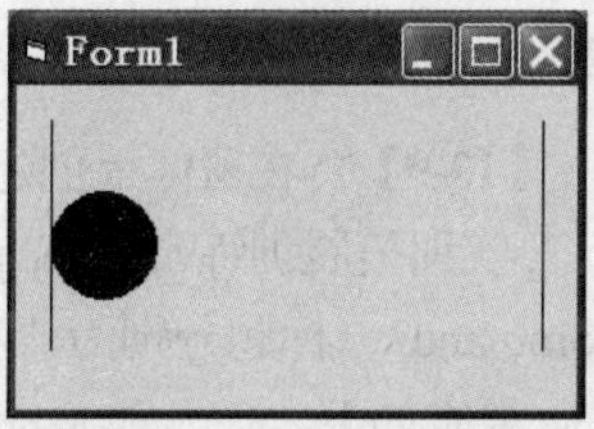

图13-9 运行结果

运行程序时发现圆立即移动到了右边的直线处，与题目要求的移动方式不符。为得到与题目要求相符的结果，下面的修改方案中正确的是（　　）。

A. 把计时器的 Interval 属性设置为 1

B. 把 For *k*=Line1.X1 To Line2.X1 Step 100 和 Next *k* 两行删除

C. 把 For *k*=Line1.X1 To Line2.X1 Step 100 改为 For *k*=Line2.X1 To Line1.X1 Step 100

D. 把 If Shape1.Left+Shape1.Width<Line2.X1 Then 改为 If Shape1.Left<Line2.X1 Then

分析：本题中用了定时器控件，并将其 Interval 属性设置为 1000，则定时器每隔 1s 触发一次 Timer 事件。本题要求圆每秒向右移动 100 缇，因此，直接在 Timer1_Timer 事件过程中用 Shape1.Left=Shape1.Left+100 语句即可达到此要求。而 If 条件语句是控制圆遇到 Line2 时停止移动的。所以，需要将上述代码中的 For…Next 循环结构去掉。答案：B。

【13-8】 2012 年 3 月真题二（7）。

设窗体上有一个名称为 Label1 的标签，程序运行时，单击再移动鼠标，光标的位置坐标会实时地显示在 Label1 标签中；右击则停止实时显示，并将标签中的内容清除。下面的程序可实现这一功能，请将其补充完整。

```
Dim down As Boolean
Private Sub Form_MouseDown(Button As Integer, Shift As Integer, X As Single, Y As Single)
    Select Case ____①____
    Case 1
        down = True
    Case 2
        down = False
    End Select
End Sub
Private Sub Form_MouseMove(Button As Integer, Shift As Integer, X As Single, Y As Single)
    If ____②____ Then
        ____③____ = "X=" & X & " Y=" & Y
    Else
        Label1.Caption = ""
    End If
End Sub
```

分析：本题考查的知识点是窗体的 MouseDown 和 MouseMove 事件。本题要求单击时移动鼠标会实时显示位置坐标，右击时停止实时显示。所以在 Form_MouseDown 事件过程中，通过选择 Button 的值来确定哪一个键被按下。如果 Button 为 1，则 down 为 True，否则 down 为 False。在 Form_MouseMove 事件过程中，通过对 down 值的判断来确定是实时显示坐标还是显示空。答案：①Button；②down；③Label1.Caption。

四、实训拓展训练

【13-9】 在窗体上创建两个图片框（名称为 Picture1 和 Picture2，Picture1 中装载“实验实训十三\实训拓展训练\景色 8.jpg”图片）和三个命令按钮（名称分别为 Command1、Command2 和 Command3，标题分别为“水平翻转”、“垂直翻转”和“反色”）。

要求如下。

（1）单击“水平翻转”命令按钮，将 Picture1 中的图片水平翻转显示在 Picture2 中。

（2）单击“垂直翻转”命令按钮，将 Picture1 中的图片垂直翻转显示在 Picture2 中，运行结果如图 13-10 所示。

（3）单击“反色”命令按钮，将 Picture1 中的图片反色后显示在 Picture2 中，运行结果如图 13-11 所示。

图 13-10　垂直翻转运行结果

图 13-11　反色运行结果

提示：

（1）使用 PaintPicture 方法的语法格式如下。

```
Object1.PaintPicture Object2, X1, Y1, Width1, Height1, X2, Y2, Width2, Height2
```

参数说明如下。

Object1：为目标图片对象，如图形框 Picture 等。

Object2：为源图片对象，如图形框 Picture 等。

X1, Y1：目标图像位置坐标。

Width1, Height1:目标图像尺寸。

X2, Y2：源图像的裁剪坐标。

Width2, Height2：源图像的裁剪尺寸。

（2）通用声明部分代码如下。

```
Dim w As Integer, h As Integer
```

窗体装载事件代码如下。

```
Private Sub Form_Load()
    Picture1.ScaleMode = 3
    Picture2.ScaleMode = 3
    w = Picture1.ScaleWidth
    h = Picture1.ScaleHeight
End Sub
```

（3）“水平翻转”命令按钮单击事件代码提示如下。

```
    Picture2.PaintPicture Picture1, 0, 0, w, h, w, 0, -w, h
```

（4）“垂直翻转”命令按钮单击事件代码提示如下。

```
    Picture2.PaintPicture Picture1, 0, 0, w, h, 0, h, w, -h
```

（5）“反色”命令按钮单击事件代码提示如下。

```
    Picture2.PaintPicture Picture1, 0, 0, w, h, 0, 0, w, h, vbSrcInvert
```

【13-10】　在窗体中创建一个图片框（名称为 PictureBox1，BackColor 属性为“白色”）和一个下拉式菜单，菜单编辑器设置如表 13-6 所示。

表 13-6　菜单编辑器设置

标题	名称
几何绘图	jihe
圆、圆弧	ty
矩形	jx
扇面	shanmian
颜色	color
红	r
蓝	b

程序利用弹出式菜单在图片框中随机画圆、圆弧、矩形、扇面等，运行结果如图 13-12 所示。要求如下。

（1）当用户选中菜单“颜色”中的“蓝”选项，再选中菜单“几何绘图”中的“圆、圆弧”选项后，在图片框中单击多次，出现多个蓝色且角度随机变化的圆弧。

（2）当用户选中菜单“颜色”中的“红”选项，再选中菜单“几何绘图”中的“矩形”选项后，在图片框中单击多次，出现多个红色且大小随机变化的矩形。

（3）当用户选中菜单“颜色”中的“蓝”选项，再选中菜单“几何绘图”中的“扇面”选项后，在图片框中单击多次，出现多个蓝色且角度随机变化的扇面。

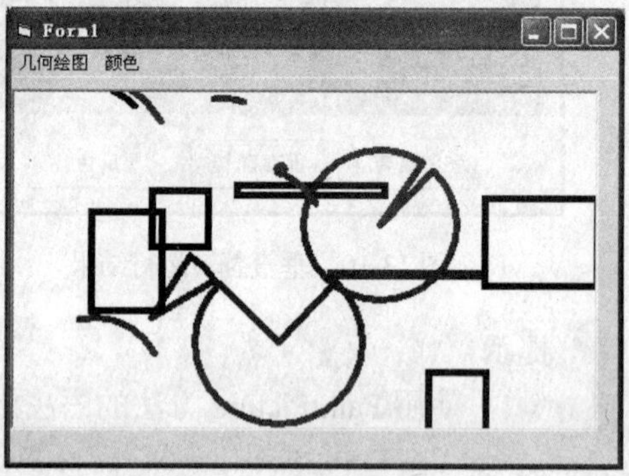

图 13-12　运行结果

分析：本题主要考查 Visual Basic 作图基本方法画矩形、画圆弧、画扇形的应用。

五、思考练习

【13-11】　编写程序，在窗体上创建一个菜单栏，其中“形状”菜单包含“矩形”和“圆形”两个子菜单项；“颜色”菜单包含“红”、“绿”和“蓝”三个子菜单项，运行结果如图 13-13、图 13-14 所示。

要求如下。

（1）用户通过单击两个菜单中的选项来确定要绘制图形的形状和颜色，如果未进行选择，则默认为红色矩形。

（2）在上一步作好选择后，当用户拖动鼠标时会按要求绘制相应的图像。其中，矩形是以拖动中鼠标按下和释放时两点作为起始点和终止点进行绘制的；而圆形则是以鼠标按下和释放时两点的中心为圆心，两点坐标差中较大者为半径进行绘制。

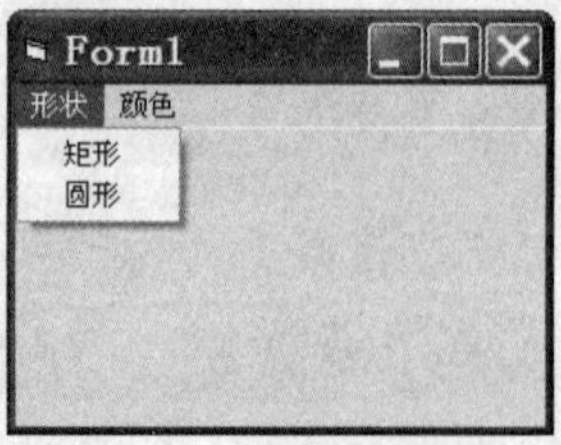

图 13-13　形状菜单

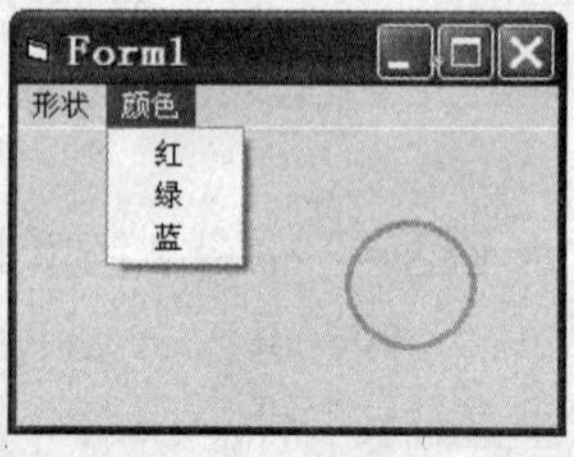

图 13-14　颜色菜单

【13-12】　编写程序，当用户单击窗体时，以该窗体中心为圆心，绘制 50 个半径和颜色均随机产生的一组圆，运行结果如图 13-15 所示。

要求：无论窗体大小如何变化，所绘制的圆都能够在窗体上完全显示。

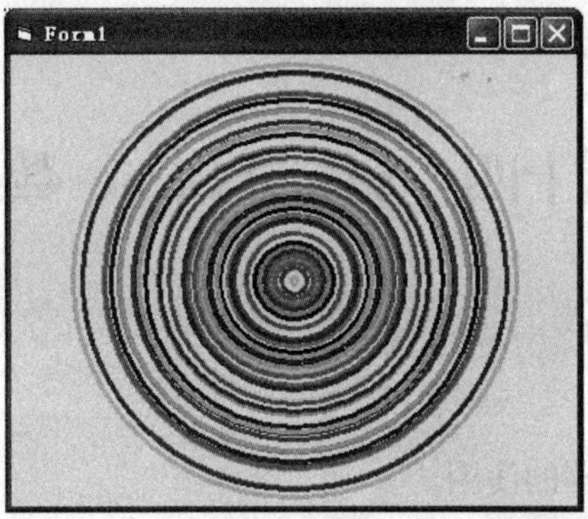

图 13-15　绘制一组圆

【13-13】　编写程序，当用户单击窗体时，以窗体中心为原点绘制坐标轴，在坐标系上绘制曲线 $y=\sin x-\cos x$（其中，x 取值范围为−180~180，且将该图像在 x 轴上放大 10 倍，在 y 轴上放大 1000 倍），运行结果如图 13-16 所示。

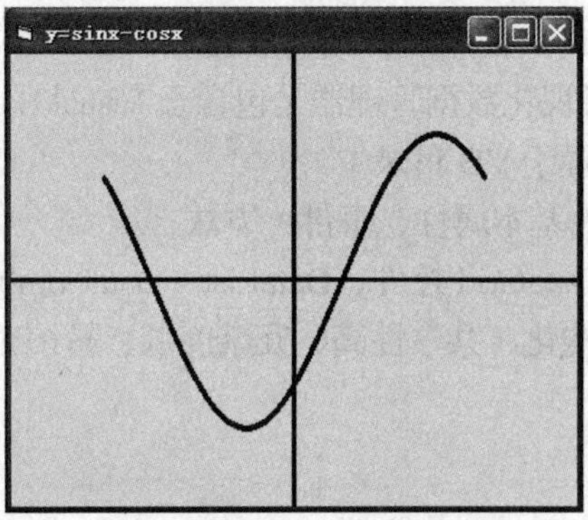

图 13-16　运行结果

实验实训十四　Visual Basic 数据库应用

一、实验实训目标

（1）理解数据库的概念。

（2）了解可视化数据管理器的使用。

（3）了解 Data 控件和 ADO 控件的使用。

（4）了解常用数据绑定控件的使用。

（5）了解数据库的特点。

二、相关知识点

（1）数据库从结构上分为三类，即层次数据库、网状数据库和关系数据库。其中，关系数据库使用得最为广泛。Visual Basic 中使用的就是关系数据库。

（2）可视化数据管理器：可视化数据管理器是包含于 Visual Basic 之中的一个完整的数据库构造实用程序，它随安装过程放置于 VB 目录中。

（3）Data 控件和 ADO 控件基本属性、事件、方法。

（4）常用数据绑定控件：DataGrid 控件、DataList、DataCombo 控件、TextBox 控件等。

（5）数据库特点：数据结构化、共享性高、冗余度低、易扩充、数据独立性高。

三、基本技能实验

1. 专项练习

【14-1】 建立数据库。在 Form1 窗体中使用 Visual Basic 自带的创建数据库的工具——可视化数据管理器(选择“外接程序”菜单中的“可视化数据管理器”命令)，创建“实验实训十四\专项练习\影片数据库.mdb”的数据库文件。

要求如下。

（1）建立的“影片数据库.mdb”数据库文件为 Access 格式的数据库文件，建立“影片信息”表，字段名及字段类型如图 14-1 所示。

（2）用户输入记录如图 14-2 所示。

字段名称	数据类型
编号	数字
片名	文本
存储路径	文本
上次观看时间	日期/时间
影片介绍	备注

图 14-1　库结构

影片信息 ：表

	编号	片名	存储路径	上次观看时间	影片介绍
▶	1	喜洋洋	J:\move	2009-1-1	动画
	2	魔幻屠龙	G:\move	2009-12-10	动画
	3	樱桃小丸子	e:\move	2003-12-11	动画
	4	csi	e:\move	2010-2-2	侦探
	5	牵手	j:\move	2010-10-18	电视剧
*				2010-10-18	

图 14-2　“影片信息”表记录

实训分析：本题主要考查可视化数据管理器的应用。

实训操作步骤如下。

（1）建立新的工程文件。

（2）选择“外接程序”菜单中的“可视化数据管理器”命令。

（3）当可视化数据管理器显示之后，选择“文件”菜单即可创建一个新的数据库、打开数据库、压缩或修复已存在的数据库。在“新建”子菜单中列出了 Visual Basic 可用的数据库文件类型，选择 Microsoft Access→Version 7.0 MDB 命令。

（4）在数据库窗口中右击，弹出快捷菜单后选择“新建表”命令，出现“表结构”对话框，利用该对话框可以建立数据表的结构。

（5）在数据库窗口内右击要添加记录的数据表名，在快捷菜单中选择“打开”命令，输入记录。

【14-2】 补全程序。在 Form1 窗体中创建五个命令按钮、一个标签控件数组、五个文本框和一个 Data 控件，程序实现对“实验实训十四\专项练习\影片数据库.mdb”数据库文件中“影片信息”表所有记录的更新、修改、添加、删除、关闭操作。

要求如下。

（1）窗体加载时，“更新”命令按钮不可用，其他命令按钮均可用。当用户单击“修改”命令按钮时，“更新”命令按钮可用，对当前记录进行修改，运行结果如图 14-3 所示。

（2）当用户单击“添加”命令按钮时，“更新”命令按钮可用，追加一条新记录。

（3）当用户单击“删除”命令按钮时，删除当前记录。

（4）当用户单击“关闭”命令按钮时，程序结束。

（5）程序不完整，请把它补充完整，并能正确运行。

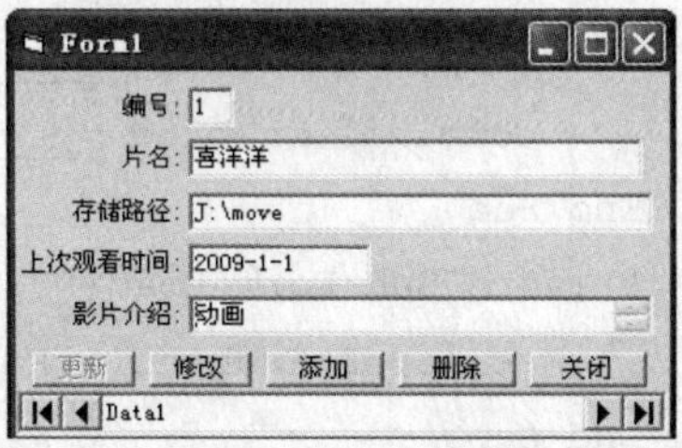

图 14-3 运行结果

实训分析：本题主要考查 Data 控件的应用。

实训操作步骤如下。

（1）建立新的工程文件。

（2）创建界面：一个 Data 控件、五个命令按钮、一个标签控件数组、五个文本框。

（3）设置属性，如表 14-1 所示。

表 14-1 对象的属性设置

对象	属性名	设定属性值
Data1	DatabaseName	实验实训十四\专项练习\影片数据库.mdb
	Connect	Access
	RecordSource	影片信息
Command1	Caption	更新
Command2	Caption	修改
Command3	Caption	添加
Command4	Caption	删除
Command5	Caption	关闭
Label1(0)	Caption	编号:
Label1(1)	Caption	片名:
Label1(2)	Caption	存储路径:
Label1(3)	Caption	上次观看时间:
Label1(4)	Caption	影片介绍:
Text1	DataField	编号
Text2	DataField	片名
Text3	DataField	存储路径
Text4	DataField	上次观看时间
Text5	DataField	影片介绍
Text1~Text5	DataSource	Data1

（4）补全代码。

```
Private Sub command3_Click()
```

```
    Data1.Recordset.________          '添加新记录
    command1.Enabled =________        '激活更新按钮
End Sub
Private Sub command4_Click()
    Data1.Recordset.________          '删除当前记录
End Sub
Private Sub command2_Click()
    ________                          '开始修改记录
    command1.Enabled = True           '激活更新按钮
End Sub
Private Sub command5_Click()
     End
End Sub
Private Sub command1_Click()
    Data1.Recordset.________          '更新记录
    command1.Enabled =________        '使更新按钮不可用
End Sub
Private Sub Form_Load()
    command1.Enabled = False          '使更新按钮不可用
End Sub
```

2. 测试练习

【14-3】 在“实验实训十四\测试练习”文件夹中有一个数据库文件 s.mdb、一个工程文件 14-3.vbp，窗体上有五个命令按钮（名称分别为 Command1、Command2、Command3、Command4、Command5，标题分别为“首记录”、“上一条”、“下一条”、“末记录”、“查找”）、一个标签控件数组（名称分别为 Label1(0)、Label1(1)、Label1(2)、Label1(3)、Label1(4)，标题分别为“学号”、“姓名”、“专业”、“出生日期”、“性别”）、五个文本框（名称分别为 Text1、Text2、Text3、Text4、Text5，Text 属性均为空，DataSource 属性均为 Data1，DataField 分别为“学号”、“姓名”、“性别”、“专业”、“出生日期”）、一个 Data 控件（名称为 Data1，DatabaseName 属性为“实验实训十四\测试练习\s.mdb”，Connect 属性为 Access，RecordSource 属性为“基本情况”），程序实现对“实验实训十四\测试练习\s.mdb”数据库文件中“基本情况”表所有记录的“首记录”、“上一条”、“下一条”、“末记录”、“查找”等操作。文件中已经给出了全部控件和程序，程序不完整，运行结果如图 14-4 所示，请把它补充完整，并能正确运行。

要求如下。

（1）当用户单击“首记录”命令按钮时，各文本框显示首记录信息。

（2）当用户单击“上一条”命令按钮时，逐条向上显示每条记录的信息，如果是首记录，则弹出消息对话框提示信息为“第一条记录”。

（3）当用户单击“下一条”命令按钮时，逐条向下显示每条记录的信息，如果是末记录，则弹出消息对话框提示信息为“最后一条记录”。

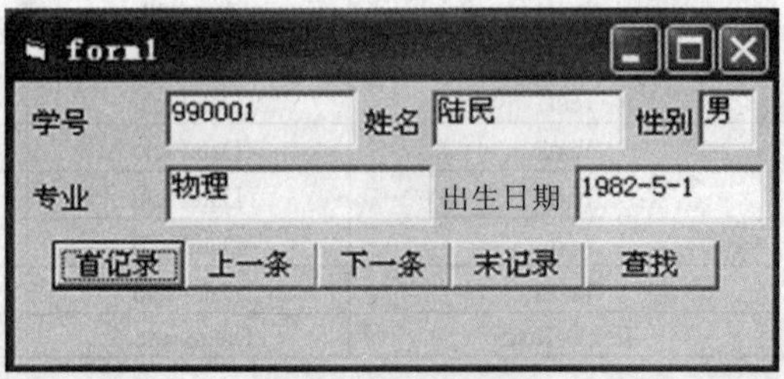

图 14-4　运行结果

（4）当用户单击“查找”命令按钮时，弹出用户输入对话框，要求用户输入要查找的学号，如果找到则显示对应记录，否则提示“无此记录”。

（5）去掉程序中的注释符，把程序中的“?”改为正确的内容，使之正确运行。

注意：不能修改程序中的其他部分，最后把修改后的文件按原文件名存盘。

四、实训拓展训练

【14-4】 在窗体上创建一个标签（名称为 Label1，标题为“姓名”）、一个文本框（名称为 Text1，内容为空）、三个命令按钮（名称分别为 Command1、Command2 和 Command3，标题分别为“查询”、“显示教师表”和“显示学生表”）、一个 DataGrid 控件（名称为 DataGrid1）和一个 ADO 控件（名称为 Adodc1，标题为空）。

要求如下（以下功能均采用代码完成）。

（1）显示学生信息表。当窗体装载或单击“显示学生表”命令按钮时，在 DataGrid 控件中显示“实验实训十四\实训拓展训练\data.mdb”数据库文件的 student 表信息，并且 Adodc1 控件标题为“学生信息表”，运行结果如图 14-5 所示。

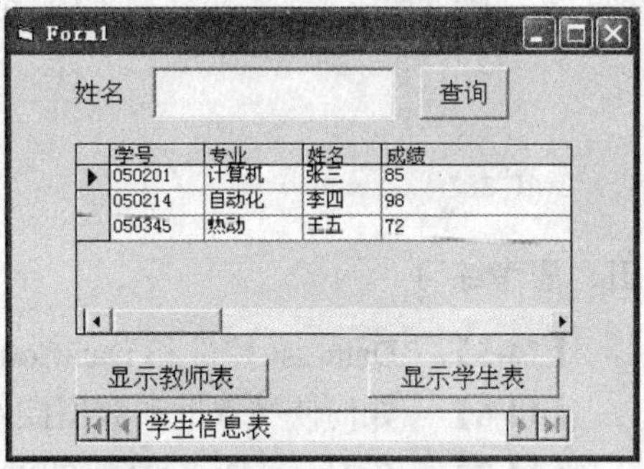

图 14-5 运行结果

（2）显示教师信息表。当单击“显示教师表”命令按钮时，在 DataGrid 控件中显示“实验实训十四\实训拓展训练\data.mdb”数据库文件的 teacher 表信息，并且 Adodc1 控件标题为“教师信息表”。

（3）按姓名查询。当用户在“姓名”文本框中输入内容并单击“查询”命令按钮后，对 DataGrid 控件中所显示表中符合“姓名”条件的内容查询并进行显示。

分析：

（1）设置窗体模块级变量 tbl。

（2）创建用以连接数据库的函数过程 connect_db。

```
Function connect_db(s As String) As ADODB.Recordset
    Dim conn As New ADODB.Connection
    Dim cmd As New ADODB.Command
    Dim rs As New ADODB.Recordset
    Dim db$, cnn$
    If Right(App.Path, 1) = "\" Then          '设置数据库路径
       db = App.Path + "data.mdb"
    Else
       db = App.Path + "\" + "data.mdb"
    End If
   '设置连接字符串
    cnn = "Provider=Microsoft.Jet.OLEDB.3.51;" & _
    "Persist Security Info=False;Data Source=" & db & ""
    conn.Open cnn                                   '建立连接
    conn.CursorLocation = adUseClient
    cmd.ActiveConnection = conn                     '设置命令对象
```

```
    cmd.CommandType = adCmdText
    cmd.CommandText = s
    rs.Open cmd, , adOpenDynamic, adLockOptimistic            '建立记录集对象
    Set connect_db = rs                                       '返回函数值
End Function
```

（3）按姓名进行查询。

```
Private Sub Command1_Click()
    Dim sql As String
    sql ="select *from " & tbl & " where 姓名='" + Text1 + "'"  'tbl为模块级变量
    Set rs = connect_db(sql)
    If rs.RecordCount <> 0 Then
       Set DataGrid1.DataSource = rs
    End If
End Sub
```

五、思考练习

【14-5】 DataList 控件和 DataCombo 控件分别与 List 控件和 Combo 控件有何区别?

【14-6】 如何使文本框和数据控件实现绑定?

【14-7】 在 Visual Basic 环境的可视化数据管理器中建立一个 student.mdb 数据库，并在其中建立一个“学生信息.dbf”表，内容如表 14-2 所示。

表 14-2 对象的属性设置

学号	姓名	出生年月	性别	生源地	政治面貌	备注
90010101	张三	1989 年 12 月	男	广西	群众	
90010103	李四	1988 年 5 月	女	河北	团员	
90010221	王五	1988 年 1 月	男	青海	党员	
…	…	…	…	…	…	…

编写程序对 student.mdb 数据库中“学生信息.dbf”表的记录进行浏览、增加和删除操作。

附录　综合项目实训——高校图书管理系统项目分析与设计

通过学习，读者应掌握软件项目系统分析、设计以及程序编码的正确方法。这里将结合一个简化的高校图书管理系统项目的分析、设计与编码对所学知识进行巩固和提高。

一、项目简介

随着计算机与网络技术的普及，对图书的传统手工管理方式早已被以计算机和网络为基础的现代化图书管理系统所取代。

本项目旨在设计、开发一个高校图书管理系统，实现图书的信息化管理。通过简便易行的操作和科学的管理，方便读者查询和借阅图书，方便图书管理员对图书进行管理，提高工作效率，减少工作中的人为失误。

二、需求分析

1. 系统功能与结构

高校图书管理系统作为一个完整的系统，要想维持图书馆的正常运转，它应该具备以下主要功能。

（1）图书管理员可查询和维护图书基本信息、读者基本信息。

（2）读者可实现图书的借阅与归还。

（3）读者和管理员可查询某种图书的借阅情况，也可查询读者的借阅情况。

（4）管理员可统计某类图书的在库数量和借出数量。

通过上述功能分析，可以归纳出高校图书管理的主要对象包括图书、读者和图书管理员，整个管理过程在图书管理员的主导下完成，这三个对象在图书管理过程中相互作用形成图书管理、读者管理、流通管理三个相对独立的组成部分。

2. 开发与运行环境

操作环境：Windows 7。

开发工具：Visual Basic 6.0。

数据库管理系统：Access 2003。

注意：需要将分析的结果形成需求分析说明书，规范、完整的需求分析说明书请查阅网络相关资料。

三、系统设计

1. 系统模块设计

通过对高校图书管理系统功能进行需求分析，系统功能模块图如图 1 所示。

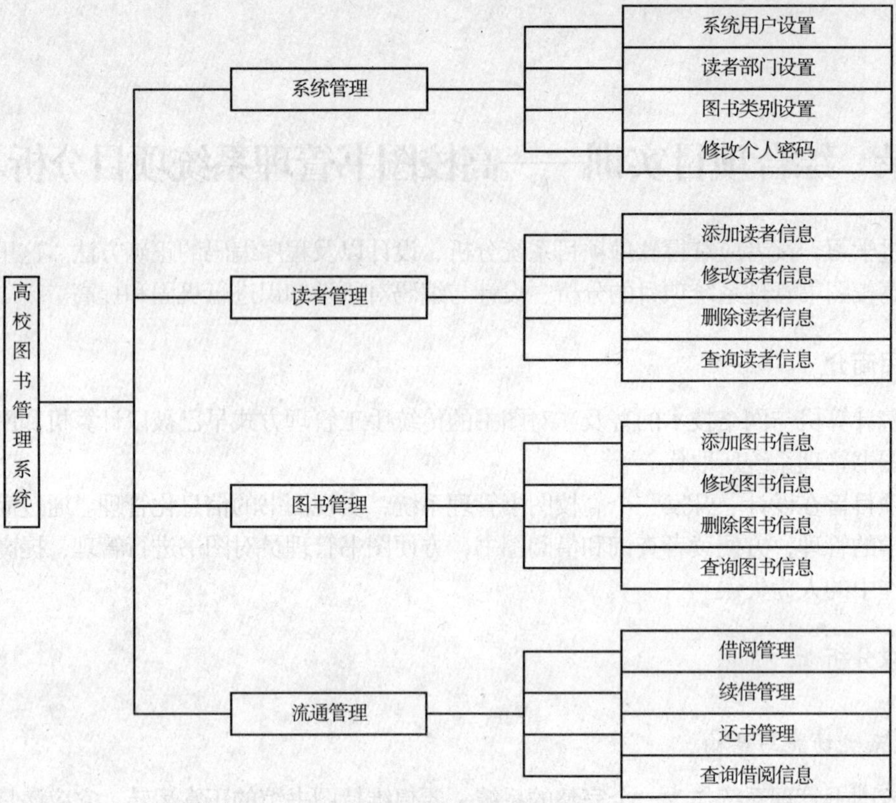

图1 系统功能模块图

2. 数据库设计

1）数据字典

根据系统功能模块图、高校图书管理流程，以及典型高校图书管理系统的需求，总结出如下数据字典。

系统用户数据：图书管理员使用图书管理系统的身份数据，包含的数据项有用户账号、登录密码、权限代码。

读者数据：读者个人与图书借阅有关的身份数据，包含的数据项有借阅证号、读者姓名、读者部门、读者类别、可借数量、可借期限。

图书数据：用于图书编目和典藏使用的数据，包含的数据项有图书编号、书名、作者、出版社、出版日期、字数、页数、关键词、内容简介、价格、图书类别、入馆日期、库室名。

图书借阅数据：读者借阅图书时产生的数据，包含的数据项有图书编号、借阅证号、借阅日期、应还日期、实还日期、状态。

2）数据库结构设计

根据系统需求分析，得出主要实体-联系图如图2所示。

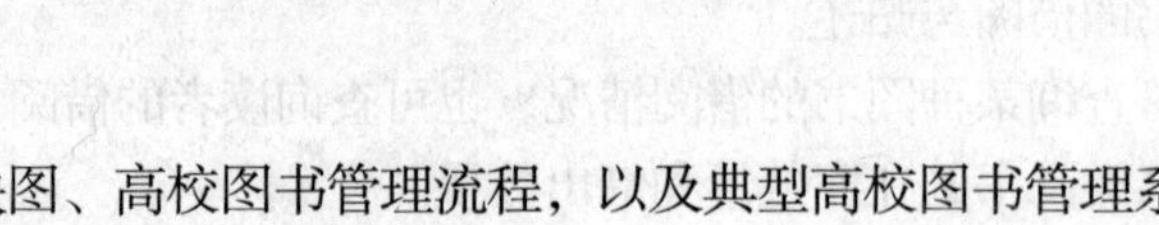

图2 实体-联系图

根据实体-联系图和数据字典，设计出高校图书管理系统数据库中的各个数据表。根据用户使用要求得到系统用户数据表，根据读者实体得到读者数据表，根据图书实体得到图书数据表，根据借阅关系得到图书借阅数据表。数据表名称与结构如下。

系统用户数据表：表名 managers，结构见表 1。

表 1 managers 表结构

字段名	类型	大小	说明
用户账号	文本	10	主键
登录密码	文本	10	
权限代码	文本	1	0 为管理员，1 为普通用户

读者数据表：表名 readers，结构见表 2。

表 2 readers 表结构

字段名	类型	大小	说明
借阅证号	文本	10	主键
读者姓名	文本	10	
读者部门	文本	20	
读者类别	文本	4	
可借数量	数字（整型）		
可借期限	数字（整型）		

图书数据表：表名 books，结构见表 3。

表 3 books 表结构

字段名	类型	大小	说明
图书编号	文本	10	主键
书名	文本	20	
作者	文本	10	
出版社	文本	20	
出版日期	日期/时间		
字数	数字（长整型）		
页数	数字（整型）		
关键词	文本	50	
内容简介	文本	200	
价格	数字（单精度）		
图书类别	文本	20	
入馆日期	日期/时间		
库室名	文本	20	

图书借阅数据表：表名 lending，结构见表 4。

表 4 lending 表结构

字段名	类型	大小	说明
图书编号	文本	10	
借阅证号	文本	10	
借阅日期	日期/时间		
应还日期	日期/时间		
实还日期	日期/时间		
状态	文本	10	

为了项目实训学习的需要，系统用户数据表 managers 用随机文件存储，其余数据表用 Access 2003 存储和管理。

需要说明的是，针对同一个系统，不同系统设计人员可能会给出不同的系统设计方案。只要方案能够反映需求分析时定义的系统功能，且具有良好的可实现性，都是可行的。

注意：系统设计可分为概要设计和详细设计两步，分析形成概要设计说明书和详细设计说明书，规范、完整的概要设计说明书和详细设计说明书请查阅网络相关资料。

四、系统实现

对系统进行分析和设计后，使用软件开发工具来编码实现。本系统的实现采用逐步深入的方法，先从最简单的界面设计、代码编写入手，然后不断完善程序功能。在程序界面基本完成后，与数据库进行连接，针对数据库编写代码。限于篇幅，只给出部分程序代码，仅供参考。

(1)在工程中添加Module1.bas标准模块，在模块的代码编辑器中声明全局变量、编写Sub Main过程代码访问数据源，并定义一个去除字符串空格的全局函数。

标准模块中的代码如下。

```
'声明用于存放当前用户信息的变量
Public v_username As String
Public v_password As String
Public v_limit As String
'声明用于存放系统用户信息的全局级动态数组变量
Public v_xtyh() As String
'声明用于访问系统用户信息随机文件的相关变量
Public Type xtyh_zdy
    zhanghu As String * 10
    mima As String * 10
    quanxian As String * 10
End Type
Public filenum As Integer
Public reclen As Long
Public xtyh1 As xtyh_zdy
Public reccount As Long
Public filename As String
'声明用于数据库连接的全局变量
Public conn As New ADODB.Connection
Public conn_str As String
'本系统启动对象为Sub main
Sub main()
    filename = App.Path & "\xtyhjl.txt"
    filenum = FreeFile
    reclen = Len(xtyh1)
    Open filename For Random As filenum Len = reclen     '访问系统用户信息随机文件
    reccount = LOF(filenum) / reclen
    ReDim Preserve v_xtyh(1 To 3, reccount)
Dim i As Integer
'将系统用户信息随机文件中的用户信息读入数组
    For i = 1 To reccount
        Get #filenum, i, xtyh1
        v_xtyh(1, i) = NewTrim(xtyh1.zhanghu)     '用自定义的NewTrim函数去掉多余空格
        v_xtyh(2, i) = NewTrim(xtyh1.mima)
```

```
        v_xtyh(3, i) = NewTrim(xtyh1.quanxian)
    Next i
    Close #filenum
    '建立数据库连接
    conn_str = "Provider=Microsoft.Jet.OLEDB.4.0;Data Source=" & App.Path &
"\Library.mdb;Persist Security Info=False"
    conn.ConnectionString = conn_str
    conn.Open
    login.Show              '测试登录窗体时用此代码，运行正常后注释掉此语句
End Sub
'去除中文字符串最后的Chr(32)空格的函数
Public Function NewTrim(ByVal strX As String) As String
    If strX = "" Then
        NewTrim = strX
    Else
        Dim i As Integer
        For i = Len(strX) To 1 Step -1
            If Mid(strX, i, 1) = Chr(32) Or Mid(strX, i, 1) = Chr(0) Then
                NewTrim = Left(strX, i - 1)
            Else
                NewTrim = Left(strX, i)
                Exit Function
            End If
        Next i
    End If
End Function
```

（2）利用 Form1 设计系统登录窗体。

该窗体中的主要对象及其属性设置见表 5。

表 5　登录窗体主要对象及属性设置

对象	类型	属性名	设定属性值
工程 1	工程	名称	高校图书管理系统
Form1	窗体	名称	login
		Caption	登录
		Height	3700
		Width	4000
Label1	标签	Caption	用户名：
Label2	标签	Caption	密码：
Label3	标签	Caption	权限：
Text1	文本框	Text	（空）
Text2	文本框	Text	（空）
Option1	单选按钮	Caption	管理员
Option2	单选按钮	Caption	普通用户
Command1	命令按钮	Caption	登录
Command2	命令按钮	Caption	重置

设计完成后的窗体界面如图 3 所示。

该窗体的主要代码如下。

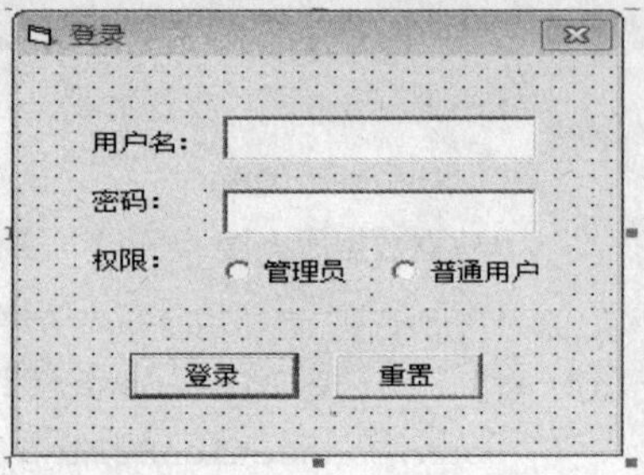

图 3　登录窗体界面

```
Private Sub Command1_Click()
    If Text1.Text = "" Then
        MsgBox "用户名不能为空！"
        Text1.SetFocus
    ElseIf Text2.Text = "" Then
        MsgBox "密码不能为空！"
    Else
        Dim qx As String
        If Option1.Value = True Then
            qx = "管理员"
        Else
            qx = "普通用户"
        End If
        For i = 1 To UBound(v_xtyh, 2)
            If Text1.Text = v_xtyh(1, i) And Text2.Text _
                    = v_xtyh(2, i) And qx = v_xtyh(3, i) Then
                v_username = Trim(Text1.Text)
                v_password = Trim(Text2.Text)
                v_limit = qx
                Exit For
            End If
        Next i
        If v_username <> "" Then
                Mainform.Show
                Unload Me
        Else
            MsgBox "用户名或密码错误！"
            Text1.SetFocus
        End If
    End If
End Sub
Private Sub Command2_Click()
    Text1.Text = ""
    Text2.Text = ""
    Option1.Value = True
End Sub
Private Sub Form_Load()
    login.BorderStyle = 1
    Text1.MaxLength = 10
```

```
    Text2.MaxLength = 10
    Text2.PasswordChar = "*"
    Option1.Value = True
End Sub
```

（3）在工程中添加一个 MDI 窗体，用于设计高校图书管理系统的主界面，如图 4 所示。该窗体的主要对象及其属性设置见表 6。

表 6　主界面窗体主要对象及其属性设置

对象	类型	属性名	设定属性值
Mainform	MDI 窗体	WindowState	2-Maximized
		Picture	（工程所在文件夹）\main_background.jpg
ToolBar1	工具栏		通过工具栏属性对话框设置
StatusBar1	状态栏		通过状态栏属性对话框设置

在工具栏属性对话框中为工具栏添加 13 个按钮，第 2 个、第 6 个、第 10 个按钮设置为 3-tbrSeparaters 样式，其他按钮标题依次设置为"修改密码"、"添加读者"、"修改读者"、"删除读者"、"添加图书"、"修改图书"、"删除图书"、"借阅"、"续借"、"还书"。

在状态栏属性对话框中为状态栏添加 3 个窗格，设置 3 个窗格自动调整大小为 2-sprContent。

按表 7 为主界面窗体建立菜单。

表 7　主界面窗体菜单设置

菜单标题（名称）	菜单项标题	菜单项名称(数组)	菜单项索引
系统（XT）	系统用户设置	XT_menu	1
	读者部门设置		2
	图书类别设置		3
	修改个人密码		4
	-（菜单分隔线）		5
	退出系统		6
读者（DZ）	添加读者信息	DZ_menu	1
	修改读者信息		2
	删除读者信息		3
	查询读者信息		4
图书（TS）	添加图书信息	TS_menu	1
	修改图书信息		2
	删除图书信息		3
	查询图书信息		4
流通（LT）	借阅管理	LT_menu	1
	续借管理		2
	还书管理		3
	查询借阅信息		4

设计完成后的窗体界面如图 4 所示。

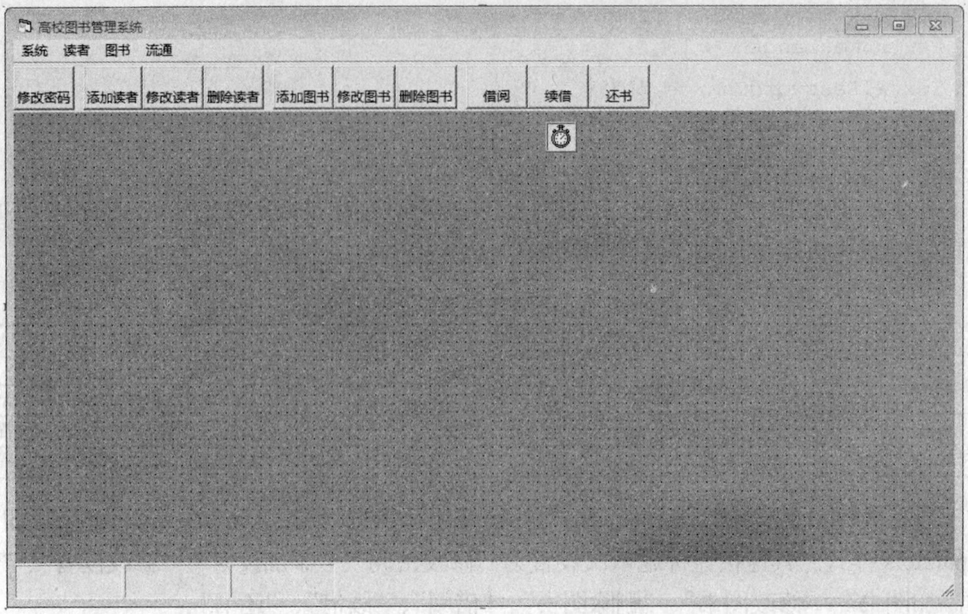

图4　主界面窗体

该窗体的主要代码如下。

```
Private Sub MDIForm_Load()
    Mainform.WindowState = 2
    Mainform.Picture = LoadPicture(App.Path & "\main_background.jpg")
    StatusBar1.Panels(1).Text = v_username & "您好，欢迎使用本系统！"
    StatusBar1.Panels(2).Text = "您的权限：" & v_limit
    '如果当前登录用户是管理员，则在“系统”菜单中显示“系统用户设置”菜单项，否则不显示
    If v_limit = "管理员" Then
        XT_menu(1).Visible = True
    Else
        XT_menu(1).Visible = False
    End If
End Sub
'利用Timer控件实现时间提示
Private Sub Timer1_Timer()
    Dim m1 As Integer
    Dim h1 As Integer
    Static s2 As Integer
    Static m2 As Integer
    Static h2 As Integer
    '获取系统当前时间中的时和分
    m1 = Minute(Now)
    h1 = Hour(Now)
    '累计系统运行时间的小时数、分钟数、秒数
    s2 = s2 + 1
    If s2 = 60 Then
        m2 = m2 + 1
        s2 = 0
    End If
```

```
    If m2 = 60 Then
        h2 = h2 + 1
        m2 = 0
    End If
    '在状态栏中显示时间信息
StatusBar1.Panels(3).Text = "当前时间 " & Format(h1, "00") & _
    ":" & Format(m1, "00") & ", 本程序已经运行" & h2 & "小时" & _
    m2 & "分钟" & s2 & "秒"
End Sub
'以下为状态栏代码
Private Sub Toolbar1_ButtonClick(ByVal Button As MSComctlLib.Button)
    'Button.Index 取值为 2、6、10 的三个按钮用作分隔条
    Select Case Button.Index
        Case 1
            XT_xggrmm.Show
        Case 3
            DZ_tjdzxx.Show
        Case 4
            DZ_xgdzxx.Show
        Case 5
            DZ_scdzxx.Show
        Case 7
            TS_tjtsxx.Show
        Case 8
            TS_xgtsxx.Show
        Case 9
            TS_sctsxx.Show
        Case 11
            LT_jygl.Show
        Case 12
            LT_xjgl.Show
        Case 13
            LT_hsgl.Show
    End Select
End Sub
'以下为“系统”菜单代码
Private Sub XT_menu_Click(Index As Integer)
    Select Case Index
        Case 1
            XT_xtyhsz.Show
        Case 2
            XT_dzbmsz.Show
        Case 3
            XT_tslbsz.Show
        Case 4
            XT_xggrmm.Show
        Case 6
            Dim YorN As Integer
```

```
            YorN = MsgBox("是否真的要退出系统？", vbYesNo + vbQuestion, _
                        "退出提示")
            If YorN = 6 Then
               Unload Me
            End If
    End Select
End Sub
'以下为“读者”菜单代码
Private Sub DZ_menu_Click(Index As Integer)
    Select Case Index
        Case 1
            DZ_tjdzxx.Show
        Case 2
            DZ_xgdzxx.Show
        Case 3
            DZ_scdzxx.Show
        Case 4
            DZ_cxdzxx.Show
    End Select
End Sub
'以下为“图书”菜单代码
Private Sub TS_menu_Click(Index As Integer)
    Select Case Index
        Case 1
            TS_tjtsxx.Show
        Case 2
            TS_xgtsxx.Show
        Case 3
            TS_sctsxx.Show
        Case 4
            TS_cxtsxx.Show
    End Select
End Sub
'以下为“流通”菜单代码
Private Sub LT_menu_Click(Index As Integer)
    Select Case Index
        Case 1
            LT_jygl.Show
        Case 2
            LT_xjgl.Show
        Case 3
            LT_hsgl.Show
        Case 4
            LT_cxjyxx.Show
    End Select
End Sub
```
（4）在工程中添加一个窗体用于设计系统用户设置界面。

该窗体的主要对象及其属性设置见表 8。

表 8　系统用户设置窗体主要对象及其属性设置

对象	类型	属性名	设定属性值
Form2	窗体	名称	XT_xtyhsz
		Caption	系统用户设置
Label1	标签	Caption	用户账号:
Label2	标签	Caption	用户密码:
Label3	标签	Caption	用户权限:
Text1	文本框	Text	（空）
Text2	文本框	Text	（空）
Option1	单选按钮	Caption	管理员
		Value	True
Option2	单选按钮	Caption	普通用户
Command1	命令按钮	Caption	首条
Command2	命令按钮	Caption	上条
Command3	命令按钮	Caption	下条
Command4	命令按钮	Caption	末条
Command5	命令按钮	Caption	添加
Command6	命令按钮	Caption	修改
Command7	命令按钮	Caption	删除
Frame1	框架	Caption	用户汇总
Picture1	图片框		

设计完成后的系统用户窗体界面如图 5 所示。

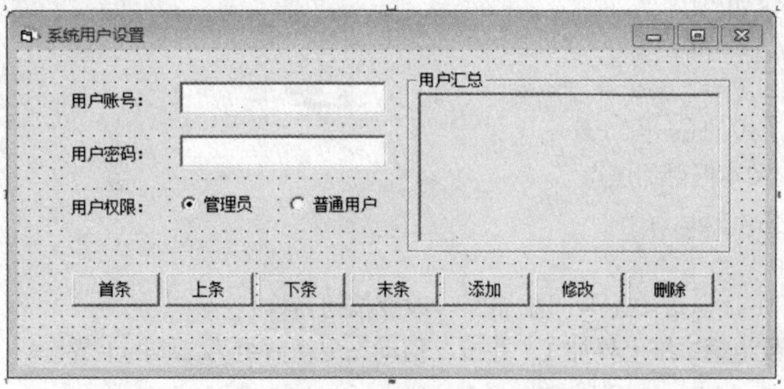

图 5　系统用户设置窗体

该窗体的主要代码如下。

```
Dim p As Integer                          'p 用来表示当前记录位置
Private Sub Command1_Click()              '显示第一条记录: p=1
    p = 1
    Call show_recorder(v_xtyh, p)         '调用子过程显示第 p 条记录
End Sub
Private Sub Command2_Click()
'显示上一条记录: p 减 1, 如果 p 小于 1 则使 p 等于 1, 即已经到达第一条不能再往前显示
    p = p - 1
    If p < 1 Then p = 1
    Call show_recorder(v_xtyh, p)
End Sub
Private Sub Command3_Click()'显示下一条记录: p 加 1, 如果 p 大于数组第二维的上界,
                            '则使 p 等于数组第二维的上界, 即已经到达最后一条不能再往后显示
    p = p + 1
    If p > UBound(v_xtyh, 2) Then p = UBound(v_xtyh, 2)
    Call show_recorder(v_xtyh, p)
```

```
End Sub
Private Sub Command4_Click()          '显示最后一条记录：p 等于数组第二维的上界
    p = UBound(v_xtyh, 2)
    Call show_recorder(v_xtyh, p)
End Sub
Private Sub Command5_Click()          '添加/保存
    If Command5.Caption = "添加" Then
        Command5.Caption = "保存"   '改变按钮名称
        '在单击“保存”按钮之前禁止使用其他按钮
        Command1.Enabled = False
        Command2.Enabled = False
        Command3.Enabled = False
        Command4.Enabled = False
        Command6.Enabled = False
        Command7.Enabled = False
        '解除文本框控件的锁定，并将文本框清空
        Text1.Locked = False
        Text2.Locked = False
        Text1.Text = ""
        Text2.Text = "" '
        '使单选按钮可用
        Option1.Enabled = True
        Option2.Enabled = True
        Option1.Value = True
        'Text1 文本框得到焦点
        Text1.SetFocus
    Else
        Command5.Caption = "添加"  '改变按钮名称
        'p 值取数组第二维上界加 1，并按 p 值动态更新数组第二维的上界
        p = UBound(v_xtyh, 2) + 1
        ReDim Preserve v_xtyh(1 To 3, p)
        '将输入的用户信息赋值到数组第二维上标值为 p 的元素
        v_xtyh(1, p) = Text1.Text
        v_xtyh(2, p) = Text2.Text
        If Option1.Value = True Then
        v_xtyh(3, p) = "管理员"
    Else
        v_xtyh(3, p) = "普通用户"
        End If
        '将新增记录保存到文件
        filenum = FreeFile
        Open filename For Random As filenum Len = reclen
        xtyh1.zhanghu = v_xtyh(1, p)
        xtyh1.mima = v_xtyh(2, p)
        xtyh1.quanxian = v_xtyh(3, p)
        Put #filenum, p, xtyh1
        Close #filenum
        '恢复文本框控件的锁定
```

```
        Text1.Locked = True
        Text2.Locked = True
        '使单选按钮不可用
        Option1.Enabled = False
        Option2.Enabled = False
        '改变命令按钮可用状态
        Call button_status(v_xtyh)
        '调用函数过程统计某类用户个数
        'Label4.Caption = "管理员：" & tj(v_xtyh, "管理员")
        'Label5.Caption = "普通用户：" & tj(v_xtyh, "普通用户")
        Dim gly As Integer, ptyh As Integer
        gly = tj(v_xtyh, "管理员")
        ptyh = tj(v_xtyh, "普通用户")
        '调用子过程图形显示
        Call draw(gly, ptyh)
    End If
End Sub
Private Sub Command6_Click()  '修改/保存
If v_xtyh(1, p) = v_username And v_xtyh(2, p) = v_password And _
            v_xtyh(3, p) = v_limit Then
        MsgBox "不能修改当前登录用户信息!", vbOKOnly + vbCritical, "警告"
    Else
        If Command6.Caption = "修改" Then
            Command6.Caption = "保存"  '改变按钮名称
            '在单击“保存”按钮之前禁止使用其他按钮
            Command1.Enabled = False
            Command2.Enabled = False
            Command3.Enabled = False
            Command4.Enabled = False
            Command5.Enabled = False
            Command7.Enabled = False
            '解除文本框控件的锁定
            Text1.Locked = False
            Text2.Locked = False
            '使单选按钮可用
            Option1.Enabled = True
            Option2.Enabled = True
            'Text1 文本框得到焦点
            Text1.SetFocus
        Else
            Command6.Caption = "修改"
            '将修改后的用户信息赋值到数组第二维上标值为 p（当前位置）的元素
            v_xtyh(1, p) = Text1.Text
            v_xtyh(2, p) = Text2.Text
            If Option1.Value = True Then
            v_xtyh(3, p) = "管理员"
        Else
            v_xtyh(3, p) = "普通用户"
```

```
            End If
            '将修改后的记录保存到文件
            filenum = FreeFile
            Open filename For Random As filenum Len = reclen
            xtyh1.zhanghu = v_xtyh(1, p)
            xtyh1.mima = v_xtyh(2, p)
            xtyh1.quanxian = v_xtyh(3, p)
            Put #filenum, p, xtyh1
            Close #filenum
            '恢复文本框控件的锁定
            Text1.Locked = True
            Text2.Locked = True
            '使单选按钮不可用
            Option1.Enabled = False
            Option2.Enabled = False
            '调用函数过程统计某类用户个数
            'Label4.Caption = "管理员: " & tj(v_xtyh, "管理员")
            'Label5.Caption = "普通用户: " & tj(v_xtyh, "普通用户")
            Dim gly As Integer, ptyh As Integer
            gly = tj(v_xtyh, "管理员")
            ptyh = tj(v_xtyh, "普通用户")
            '调用子过程图形显示
            Call draw(gly, ptyh)
            '改变命令按钮可用状态
            Call button_status(v_xtyh)
        End If
    End If
End Sub
Private Sub Command7_Click()  '删除记录
    If v_xtyh(1, p) = v_username And v_xtyh(2, p) = v_password And _
    v_xtyh(3, p) = v_limit Then
        MsgBox "不能删除当前登录用户信息!", vbOKOnly + vbCritical, "警告"
        Else
        Dim i As Integer
        '从数组第二维下标为p(当前记录)的元素起，依次由后一元素前移
        For i = p To UBound(v_xtyh, 2) - 1
            v_xtyh(1, i) = v_xtyh(1, i + 1)
            v_xtyh(2, i) = v_xtyh(2, i + 1)
            v_xtyh(3, i) = v_xtyh(3, i + 1)
        Next i
        '删除最后一个数组元素
        ReDim Preserve v_xtyh(1 To 3, UBound(v_xtyh, 2) - 1)
        '如果p大于数组第二维的上界，则令p等于数组第二维上界
        If p > UBound(v_xtyh, 2) Then p = UBound(v_xtyh, 2)
        '如果数组中还有用户信息，则显示，否则清空
        If p > 0 Then
            Call show_recorder(v_xtyh, p)  '调用子过程显示第p条记录
        Else
```

```
            Text1.Text = ""
            Text2.Text = ""
           Option1.Value = True
        End If
        '删除原文件，将剩余记录保存到新文件
        Kill filename
        filenum = FreeFile
        Open filename For Random As filenum Len = reclen
        For i = 1 To UBound(v_xtyh, 2)
            xtyh1.zhanghu = v_xtyh(1, i)
            xtyh1.mima = v_xtyh(2, i)
            xtyh1.quanxian = v_xtyh(3, i)
            Put #filenum, i, xtyh1
        Next i
        Close #filenum
        '调用函数过程统计某类用户个数
        'Label4.Caption = "管理员: " & tj(v_xtyh, "管理员")
        'Label5.Caption = "普通用户: " & tj(v_xtyh, "普通用户")
        Dim gly As Integer, ptyh As Integer
        gly = tj(v_xtyh, "管理员")
        ptyh = tj(v_xtyh, "普通用户")
        '调用子过程图形显示
        Call draw(gly, ptyh)
        '改变命令按钮可用状态
        Call button_status(v_xtyh)
    End If
End Sub
Private Sub Form_Load()
    If UBound(v_xtyh, 2) > 0 Then
        p = 1
       Call show_recorder(v_xtyh, p)
    End If
    '调用函数过程统计某类用户个数
    'Label4.Caption = "管理员: " & tj(v_xtyh, "管理员")
    'Label5.Caption = "普通用户: " & tj(v_xtyh, "普通用户")
    Dim gly As Integer, ptyh As Integer
    gly = tj(v_xtyh, "管理员")
    ptyh = tj(v_xtyh, "普通用户")
    '调用子过程图形显示
    Call draw(gly, ptyh)
    '改变命令按钮可用状态
    Call button_status(v_xtyh)
End Sub
Private Sub button_status(yh() As String)  '子过程: 控制命令按钮可用状态
    Dim i As Integer
    i = UBound(yh, 2)
    If i >= 2 Then
        Command1.Enabled = True
```

```
        Command2.Enabled = True
        Command3.Enabled = True
        Command4.Enabled = True
        Command5.Enabled = True
        Command6.Enabled = True
        Command7.Enabled = True
    ElseIf i = 1 Then
        Command1.Enabled = False
        Command2.Enabled = False
        Command3.Enabled = False
        Command4.Enabled = False
        Command5.Enabled = True
        Command6.Enabled = True
        Command7.Enabled = True
    Else
        Command1.Enabled = False
        Command2.Enabled = False
        Command3.Enabled = False
        Command4.Enabled = False
        Command5.Enabled = True
        Command6.Enabled = False
        Command7.Enabled = False
    End If
End Sub
Private Sub show_recorder(yh() As String, p As Integer)   '子过程，显示第p条记录
    Text1.Text = yh(1, p)
    Text2.Text = yh(2, p)
    If Trim(yh(3, p)) = "管理员" Then Option1.Value = True Else Option2.Value = True
End Sub
'函数过程，统计某类用户的个数
Private Function tj(yh() As String, bj As String) As Integer
    tj = 0
    Dim i As Integer
    For i = 1 To UBound(yh, 2)
        If yh(3, i) = bj Then tj = tj + 1
    Next i
End Function
Private Sub draw(x1 As Integer, x2 As Integer)                    '绘制圆饼图
    Picture1.Cls
    Dim x As Integer
    x = x1 + x2
    Const pi = 3.1415926
    '定坐标系
    Picture1.Scale (0, 100)-(200, 0)
    '画饼图
    Picture1.FillStyle = 0
    Picture1.FillColor = vbRed
    Picture1.Circle (50, 50), 30, , -0.00001, -2 * pi * x1 / x
```

```
    Picture1.CurrentX = 50 + 30 * Cos(pi * x1 / x)
    Picture1.CurrentY = 50 + 30 * Sin(pi * x1 / x)
    Picture1.Print x1 & "个,占" & Int(x1 / x * 10000) / 100 & "%"
    Picture1.FillColor = vbYellow
    Picture1.Circle (50, 50), 30, , -2 * pi * x1 / x, -2 * pi + 0.00001
    Picture1.CurrentY = 50 + 30 * Sin(-pi * x2 / x)
    Picture1.CurrentX = 50 + 30 * Cos(-pi * x2 / x)
    Picture1.Print x2 & "个,占" & Int(x2 / x * 10000) / 100 & "%"
    '画图例
    Picture1.CurrentX = 130
    Picture1.CurrentY = 95
    Picture1.Print "图例"
    Picture1.Line (130, 80)-(150, 70), vbRed, BF
    Picture1.CurrentX = 155
    Picture1.CurrentY = 80
    Picture1.Print "管理员"
    Picture1.Line (130, 65)-(150, 55), vbYellow, BF
    Picture1.CurrentX = 155
    Picture1.CurrentY = 65
    Picture1.Print "普通用户"
End Sub
```

限于篇幅，其他部分的窗体设计及代码编写不再一一列举，设计过程参照上述过程。

参 考 文 献

党向盈. 2013. Visual Basic 程序设计实验实训教程. 南京: 江苏大学出版社.

龚沛曾. 2013. Visual Basic 程序设计实验指导与测试. 4 版. 北京: 高等教育出版社.

申艳光. 2014. 计算文化与计算思维基础. 北京: 高等教育出版社.

战德臣, 聂兰顺. 2013. 大学计算机: 计算思维导论. 北京: 电子工业出版社.

张永强. 2006. Visual Basic 程序设计教程. 北京: 北京理工大学出版社.